经济学与生活

ECONOMICS
AND
LIFE

贾润英 著

中国纺织出版社有限公司

内 容 提 要

提起经济学，很多人会想到一连串枯燥乏味的数字，以及国家经济、产业结构、宏观调控等一系列专业术语，认为它和现实生活相距甚远。其实，这是对经济学的极大误解。实际上，经济学真实地存在于社会的各个领域，存在于日常生活中的每一天，与每一个人都息息相关。这本经济学的入门书，结合生活中常见的问题和现象，阐述经典的经济学原理，让读者切身感受到经济学与生活之间的密切联系，帮助读者在看待问题、思考决策时，多一个视角，多一重思考，学会在复杂世界做一个明白人。

图书在版编目（CIP）数据

经济学与生活 / 贾润英著.--北京：中国纺织出版社有限公司，2024.4
ISBN 978-7-5229-1345-2

Ⅰ.①经⋯ Ⅱ.①贾⋯ Ⅲ.①经济学—通俗读物 Ⅳ.①F0-49

中国国家版本馆CIP数据核字（2024）第033144号

责任编辑：郝珊珊　　责任校对：高　涵　　责任印制：储志伟

中国纺织出版社有限公司出版发行
地址：北京市朝阳区百子湾东里A407号楼　邮政编码：100124
销售电话：010—67004422　传真：010—87155801
http://www.c-textilep.com
中国纺织出版社天猫旗舰店
官方微博 http://weibo.com/2119887771
鸿博睿特（天津）印刷科技有限公司印刷　各地新华书店经销
2024年4月第1版第1次印刷
开本：710×1000　1/16　印张：13.5
字数：190千字　定价：59.80元

凡购本书，如有缺页、倒页、脱页，由本社图书营销中心调换

序言

一提起经济学，很多人就会想到一连串抽象虚幻的专业术语，在心理上产生一种莫名的抗拒，认为那些庞杂的公式令人头大，晦涩难懂的经济学原理与现实生活相距甚远。其实，这完全是对经济学的误解，而导致误解的原因，是缺少了解经济学的契机。

你可能不太关注国民产出，但你一定关心怎样让自己的资产保值和增值。

你可能对市场经济不太了解，但你一定想知道怎样消费才能让钱花得更有价值。

你可能没有没听过权衡取舍的经济学，但你一定希望在面对"鱼和熊掌不可兼得"的处境时，可以作出对自己更有利的决策。

……

西餐厅门口挂着"咖啡免费续杯"的牌子，这是不是餐厅给消费者的"福利"？

打理家庭的闲置资产时，你所选择的投资品类真的适合自己吗？

面对激烈的职场竞争，到底是下功夫弥补自身短板，还是选择发挥自己的相对优势？

相处了几年的恋人，不太符合"门当户对"的要求，该不该与之携手走进

婚姻？

……

上述的这些事宜涉及不同的生活领域，但它们都是经济学研究的内容。真实的经济学就是这样的，它存在于生活中的方方面面，大到国家经济形势、国民政策，小到日常消费、投资理财、婚恋选择，每一个问题都可以利用经济学原理去解释。

人生是由一连串的选择组成的，我们不必要求自己成为专业的经济学家，但有必要学会像经济学家一样思考问题，不被事物的表象迷惑。在面对重要的选择时，唯有作出符合个人利益最大化的理性决策，才不会因感情用事而被生活的洪流淹没。

CHAPTER 1 透过现象看本质，经济学十大原理

- 01 权衡取舍：鱼和熊掌不可兼得　002
- 02 机会成本：天底下没有免费的午餐　004
- 03 边际变动：理性人思考边际量　006
- 04 激励反应：没有人会对激励无动于衷　008
- 05 贸易经济：贸易让每个人都受益　010
- 06 市场经济：市场是组织经济活动的好方式　013
- 07 宏观调控：政府有时可以改善市场结果　015
- 08 生产率：一国的生活水平取决于它的生产能力　017
- 09 通货膨胀：发行过多货币，物价会上涨　019
- 10 菲利普斯曲线：通货膨胀与失业之间的短期得失交换　021

CHAPTER 2 理解专业术语，轻松看懂财经新闻

- 01 GDP：国内生产总值是什么意思？　024
- 02 GNP：反映国家真实的经济状况　027
- 03 CPI：为什么劝你要跑赢CPI？　029
- 04 PPI：生产者物价指数上升是好事吗？　031
- 05 次贷危机：当富人把钱借给还不起债的穷人　033
- 06 金融危机：请注意，不是经济危机！　035

001

经济学与生活

07 泡沫经济：一朵花引发的群体狂热　　037
08 人民币升值：有人欢喜有人愁　　039
09 恩格尔系数：剖析一下你的消费结构　　041
10 基尼系数：怎样判断贫富两极分化？　　043
11 二八法则：20%的人占有80%的社会财富　　046
12 幸福指数：幸福感与金钱成正比吗？　　048
13 综合国力：怎样衡量国家的综合实力？　　051
14 财政收入：实现国家职能的财力保证　　053
15 拉弗曲线：为什么减税才有可能增税？　　056
16 内卷化效应：无意义的内耗该叫停了　　058

CHAPTER 3　市场不是万能的，但没有市场万万不能

01 稀缺性：没有稀缺性，就没有经济学　　062
02 商品：当免费的空气被制成"罐头"　　064
03 使用价值：所有商品都具备的属性　　066
04 货币：狗牙也能作为聘礼吗？　　067
05 需求与供给：为什么中国人不买英国洋布？　　070
06 均衡价格：为什么粗粮卖得比细粮贵？　　073
07 利润最大化：没有利润就没有活路　　075
08 完全竞争：理想的市场竞争状态　　077
09 完全垄断：垄断者可以任意定价商品吗？　　079
10 寡头市场：为什么雷克航空会破产？　　082
11 市场失灵：市场经济是无所不能的吗？　　084
12 蛛网理论：涨价与降价的循环摆动　　087

目录

CHAPTER 4　吃透消费的秘密，让钱花得更有价值

01 消费者剩余：为什么商家会让价促销？　090

02 奢侈品：当我们买奢侈品时，买的到底是什么？　092

03 消费心理：咖啡免费续杯是"福利"吗？　094

04 互补品：两种商品共同满足一种需求　096

05 替代效应：为什么艺术品如此昂贵？　099

06 价格歧视：同样的产品卖出不同的价格　101

07 示范效应：远离商家为你设的"跟风坑"　103

08 节俭悖论：越节俭反而越萧条　105

09 吉芬商品：必需品价格越高，越会遭疯抢　107

10 需求弹性：怎样才算把钱花在刀刃上？　109

11 凡勃伦效应：当心挥霍性消费的"陷阱"　111

12 杜森贝利理论：由俭入奢易，由奢入俭难　113

CHAPTER 5　没有"零风险"，谨慎对待投资理财

01 收益与风险：不存在"零风险"的投资理财　116

02 储蓄：趁年轻养成储蓄的习惯　118

03 利率：提前还贷，银行为何不乐意？　121

04 复利：理想世界中的赚钱"利器"　123

05 股票：炒股是投资，而不是投机　126

06 基金：什么样的基金适合长期持有？　129

07 保险：把不确定的损失，转化为确定的成本　131

08 债券：哪一类债券的风险最大？　133

09 期货：既能让人暴富，也能让人破产　136
10 黄金：没有国界的货币，保值的避险资产　138

CHAPTER 6　世界需要贸易，贸易是战争的替代

01 国际贸易：进出口贸易给我们带来了什么？　142
02 WTO：谁来调和国际贸易中的不公平事宜？　144
03 汇率：国际贸易中的调节杠杆　146
04 巨无霸指数：测量两种货币的汇率是否合理　149
05 热钱：疯狂地涌入，大规模地撤离　152
06 顺差与逆差：动态良性的平衡才是安全的　154
07 商品倾销：不正常的竞争，人为的低价销售　156
08 贸易补贴：为什么美国农民乐得逍遥？　158
09 国民待遇：国内外的公民，享受同等的待遇　160
10 比较利益：任何一个国家都有相对优势　161
11 回荡效应：一个地区的发展导致另一个地区的衰落　163

CHAPTER 7　以经济学的思维，重新审视管理

01 人才经济学：珍惜供不应求的稀缺资源　166
02 奥卡姆剃刀：管得越少，成效越好　169
03 成本控制：为何沃尔玛的东西这么便宜？　172
04 规模不经济：盲目扩张的尽头是短命　174

目录

- 05 利己与利他：以利他人之心，换取利己之物　176
- 06 路径依赖：横在变革路上的绊脚石　178
- 07 蓝海战略：别只顾着打败竞争对手　180

CHAPTER 8　保持理性思考，做复杂世界的明白人

- 01 蘑菇原理：新人的职场路该怎么走？　184
- 02 不可替代性：决定你价值的人生筹码　186
- 03 时间管理：如何过一天，就是如何过一生　188
- 04 时间价值：自己做饭真的比外卖省钱吗？　191
- 05 注意力经济学：你消费过领导的注意力吗？　193
- 06 蝴蝶效应：面对再小的隐患，也别心存侥幸　196
- 07 正和博弈：博弈的最高境界是合作共赢　198
- 08 劳动供给理论：任何意外之财都会使人变懒　200
- 09 利益权衡：为什么越来越多的女性选择单身？　202
- 10 帕累托最优："门当户对"有没有道理？　205

CHAPTER 1

透过现象看本质，
经济学十大原理

美国知名经济学家、哈佛大学教授N.格里高利·曼昆所著的《经济学原理》，是世界上首部最为成功的经济学教材。他在撰写这本书时，竭力把自己放在一个经济学初学者的位置上，利用初学者感兴趣的素材，围绕十大经济学原理徐徐展开。大家公认，掌握了这十大原理，就大致了解了经济学研究的出发点与基本框架。

 # 权衡取舍：
鱼和熊掌不可兼得

生活中充满了选择，一旦有选择，就会有放弃。面对这样的情形，我们的内心往往是纠结的，因为"鱼，我所欲也；熊掌，亦我所欲也"。然而，当"二者不可兼得"时，我们必须权衡两者的利弊得失，再做决定。这正是曼昆的经济学原理之一：权衡取舍。

权衡取舍理论无法直接带给我们益处，但它能让我们意识到选择中"分析"的重要性，从而更加冷静、理智地作出适合自己的决策，让自己获得最大的收益。

女孩小薇之前一直在琢磨：到底是留在大城市挑战一下自我，还是回到小城市陪伴在父母身边？就这个问题，小薇把自己思考的要点全部罗列了出来，并权衡了一下利弊，最后提炼出了决策。

自身性格	喜欢挑战、喜欢新鲜事物、有好奇心 → 大城市更具挑战性，更适合小薇
行业选择	想从事互联网行业，做新媒体运营 → 大城市相关岗位多
生活便利度	大城市不如小城市舒服，大城市比小城市便利 → 两者不可兼得

就自身性格和职业发展来说，显然大城市比小城市的优势更多，也更适合小薇。她还想到，如果自己没有趁着年轻打造出任何核心竞争力，回到家乡也会不甘心；就算陪在父母身边，也不能指望父母接济自己，经济收入始终是不

CHAPTER 1
透过现象看本质，经济学十大原理

可回避的压力。在权衡利弊之后，她放弃了回到小城市陪在父母身边的想法，继续留在大城市挑战自我、发展事业。

不只是个体层面会面临权衡取舍，企业层面和社会层面也会面临权衡取舍。比如，为了治理雾霾天气，企业需要在清洁的环境与高收入水平之间进行权衡取舍；政府实施的社会保障房建设、社会救助等，是在效率与公平之间作出权衡取舍；为了保护国家利益、人民生命财产安全，在财政收入总额既定的情况下，我们必须在国防支出与其他支出之间作出抉择。

权衡取舍的经济理论告诉我们：**资源是有限的，人的欲望是无限的，而有限的资源不可能满足无限的欲望，所以必须作出"权衡取舍"**。只不过，由于每个人的情况不同，权衡的侧重点不同，取舍的对象不同，它无法为我们提供所谓的进行正确取舍的途径，也无法设立固定的权衡标准，一切都要求具体问题具体分析。

这一原理最大的价值和意义，在于让我们认识到生活中的权衡取舍是重要的，只有清楚认识自己面临的选择和想要达成的目标，才能做出利益最大化的合理决策。

 经济学与生活

 ## 02 | 机会成本：
天底下没有免费的午餐

古时候的某户人家有一个漂亮的女儿，东村和西村的两家男子都来求婚。

东村的男子相貌丑陋，可家境殷实；西村的男子长相俊美，可家境贫寒。父母很犹豫，不知道怎么选合适，就询问女儿的意见，并允许她自己拿主意。担心女儿害羞，母亲就出了一个主意："左手代表东，右手代表西，不便明说的话，伸手示意就行了。"

听完之后，女儿把两只手都伸出了出来。父母面面相觑，不知女儿是何意。女儿解释说："东村的家境好，我想在东村吃饭；西村的长相俊，我想在西村住。"这一番话，父母听得目瞪口呆，不知说何是好！

人的欲望是无限的，但用来满足欲望的资源却是有限的，在资源有限的情况下，为了得到自己想要的，必须有所舍弃。这就是曼昆的经济学原理之二——"机会成本"，也称为选择成本，即：做一个选择后所丧失的不做该选择可能获得的最大利益。

当鱼和熊掌不能兼得时，选择吃鱼，就不能吃熊掌，熊掌就是选择吃鱼的机会成本；选择东村相貌丑陋的富家子弟，就不能再选西村贫寒的俊美男子，后者就是选择东村男子的机会成本。任何一种选择都有机会成本，这就是人们常说的"有得则有失"。

生活中处处充斥着机会成本的问题，如果我们想要得到更多的利益，就必须将价值较小的一方作为选择的机会成本。我们可以看看微软公司前任总裁比

004

尔·盖茨在面临选择时，是如何计算机会成本的。

1973年，比尔·盖茨进入哈佛大学法律系学习，但他对法律毫无兴趣，而是更喜欢计算机。19岁那年，他有了创办软件公司的想法，是要继续在哈佛读书获取学士学位，还是辍学去创业呢？比尔·盖茨陷入了纠结中。他热爱学习，渴望拿到哈佛大学的毕业证书，但计算机领域的研究也是他割舍不掉的……经过一番思考后，他选择了放弃学业，开办软件公司。事实证明，比尔·盖茨的选择是对的，1995年，微软公司的成功助他登上《福布斯》杂志评选的世界亿万富翁榜的榜首。

就在那一年，比尔·盖茨回到母校参加募捐活动，有记者问他：是否愿意继续回来上学，弥补曾经的遗憾？比尔·盖茨微微一笑，没有作出任何回应。按照常理来说，他已经实现了创办软件公司的愿望，完全可以重回校园继续学习，为什么他不这样做呢？

从经济学角度分析，这一问题就很容易理解了。比起放弃学业继续经营公司，放弃经营公司重归校园的机会成本更大，他可能会失去世界首富的地位。同时，他在计算机领域的技术水平相当高，上学对他而言，获得的利益几乎不可能比他经营公司获得的利益大。所以，他当然更倾向于成本较小、利益较大的选项了。

生活中处处充斥着机会成本的问题，对于任何人而言，这都是一个很重要的经济学原理。我们在决策的时候，经常需要比较目标选项中的成本与收益，只有选择目标所获得的利益高于成本时，才愿意采取行动。但需要注意的是，有些行为的成本是隐藏在事物背后的，如走私、贩毒、偷窃等不法行为，虽然可以暂时获利，可毕竟触犯了法律，如有一天被绳之以法，机会成本就不可估量了。

为了实现利益最大化，我们在做决策的时候，通常会考虑到行为结果。如果意识到自己所选的策略不利于做事，或者无法发挥最佳效用，基于理性思考，我们就会做出合理的调整，这就是曼昆十大经济学原理之三：理性人在决策时会考虑边际量。

经济学家用"边际变动"这一术语描述对现有行动计划的微小增量调整，也就是围绕所做的事的边缘所进行的调整，边际量是边际变动的结果。通常，只有当边际收益大于边际成本时，决策者才会有采取某种行动的可能。

某家航空公司正在讨论应该对"等退票"的乘客收取多少费用。

假设一架200座的飞机横越国内飞行一次，航空公司要花费的成本是10万美元，那么每个座位的平均成本就是500美元。因此，有人会得出结论：航空公司的票价绝不能低于500美元。然而，这样算对不对呢？是否为最优策略呢？

其实不然，航空公司完全可以通过考虑边际量而增加收益。假设一架飞机即将起飞时，依然有10个空位，在登机口等退票的乘客愿意支付300美元购买一张票，航空公司要不要卖给他呢？当然要。如果飞机有空位，多增加一位乘客的成本是非常小的。尽管一位乘客飞行的平均成本是500美元，但边际成本仅仅是这位额外增加的乘客将消费的一份盒饭和一杯饮料的成本而已。只要等退票的乘客所支付的钱大于边际成本，卖给他机票就是获利的。

边际变动不仅存在于企业中，在日常生活中也是一样。比如：临近考试了，你可能每天晚上会多抽出一小时的娱乐时间来看书，因为多出的这一小时的付出，可能会让你顺利通过考试；你平常都是6点半起床，明天早晨你要出差，所以你就把起床时间调整到了5点半，这种边际变动可以让你的边际量增加，是一种有利于自己的变动，以免延误火车。

边际变动在生活中比比皆是，只要善于观察和思考，总能发现它的身影。了解这一理论，可以帮助我们在工作和生活中更好地进行边际调整，做出更合理、更有利的选择。

04 激励反应：
没有人会对激励无动于衷

理性人在做决策时会考虑边际量，一旦成本和收益中的任何一方发生变动，或是两者均发生变动，人们的行为也会随之发生变动。没有人会对"激励"无动于衷，无论它是好是坏，这正是曼昆要告诉我们的经济学原理之四：人们会对激励作出反应。

提到汽车安全带，所有人都会想到它是救命、保障安全的象征。在20世纪50年代，有安全带的汽车很少，直到60年代后期，拉尔夫·纳德的著作《任何速度都不安全》问世，才引起了公众对汽车安全的关注。随后，美国国会立法要求汽车公司生产包括安全带在内的各种安全设备，使安全带成为所有新汽车的标准设备。

政府原本是出于安全考虑出台了安全带法律，然而经济学家萨姆·佩兹曼却在1975年发表的一篇文章中指出：汽车安全法有许多隐藏的影响，安全带法律实质上在减少了每次车祸死亡人数的基础上，增加了车祸的发生次数。最终的结果是，驾驶员死亡人数减少，而行人死亡人数却在增加。

之所以出现这样的情况，是因为有了安全带这一设施，驾驶员的心态发生了变化，他们在驾车时不再小心翼翼，甚至变得无所顾忌，继而增加了车祸数量，并对行人造成了更多伤害。换言之，安全带的出现和安全带法律的实施，让驾驶员放松了警惕心理，增加了车祸的次数。

从经济学角度来说，安全带法律是政府采取的一种激励制度，减少车祸人员伤亡数量是一种激励反应，而安全带隐藏的影响也是一种激励反应。这个事例给我们带来了一些启示：在分析一种政策时，不仅要考虑直接影响，还要考虑激励发生作用的间接影响。如果政策改变了激励，它就会使人们改变自己的行为。

现实生活中的激励反应还有很多，如商场进行降价促销，激励了更多人产生购买行为；老师奖励孩子一朵小红花，激励他们继续努力；公司提供团体旅游，激励员工增加对公司的归属感，诸如此类。可以说，激励无处不在，学会激励与被激励，生活、工作乃至人际关系都会在良性的氛围中变得越来越好。

 **贸易经济：**
贸易让每个人都受益

曼昆十大经济学原理的前四个，讨论的都是个人如何作出决策。然而，没有谁能够活成一座孤岛，个人所作的决策不仅会影响自己，还会影响其他人。曼昆的第五大经济学原理，探讨的就是人们之间的交易问题，即贸易可以让每个人的状况变得更好。

所谓贸易，就是指自愿的货品或服务交换。贸易经济，则是指通过货品或服务的流通与交流促进社会经济发展的经济。为了清晰地理解这一经济学原理，我们引用一个简单的例子来进行分析说明。

牧羊人和农夫是邻居，两个人都很喜欢吃羊肉和胡萝卜。假设，他们每周工作时间是40小时，那么就会出现以下两种情况：

情况1：牧羊人和农夫都生产羊肉和胡萝卜。

牧羊人生产1斤羊肉的时间是60分钟，生产1斤胡萝卜的时间是40分钟；农夫生产1斤羊肉的时间是120分钟，生产1斤胡萝卜的时间是20分钟。40小时后，牧羊人得到羊肉40斤、胡萝卜60斤；农夫得到羊肉20斤，胡萝卜120斤。

情况2：牧羊人和农夫分别做自己擅长的事，牧羊人生产羊肉，农夫生产胡萝卜。

牧羊人生产1斤羊肉的时间是30分钟，农夫生产1斤胡萝卜的时间是10分钟，他们的效率都会得到提升。40小时后，牧羊人得到80斤羊肉，农夫得到240斤胡萝卜。

CHAPTER 1
透过现象看本质，经济学十大原理

看到这两种情况时，可能有人会觉得，还是第一种情况更好，因为既可以吃到羊肉，还可以吃到胡萝卜。诚然，如果没有贸易的存在，两种食物兼得更好，可是有了贸易经济的存在，我们就会发现，第二种情况对牧羊人和农夫更实惠。

如果1斤羊肉可以换得4斤胡萝卜，那么牧羊人拿出20斤羊肉，就能够获得80斤胡萝卜，并剩余60斤的羊肉。这样一来，就相当于获得了60斤羊肉和80斤胡萝卜。对农夫来说，他也得到了20斤羊肉和160斤胡萝卜。

核算下来，牧羊人多得了20斤羊肉和20斤胡萝卜，农夫也多得了40斤胡萝卜，而且他们今后只需要做自己擅长的事就好了，不需要同时兼顾两件事，节省了很多的时间和精力，在提升效率的同时，也提高了产品的质量。更重要的

是，这种分工合作让牧羊人和农夫都降低了各自的生产成本。总而言之，省了劲、省了钱，收获得比以前还要多。

透过这个例子，我们直观地看到了贸易经济的好处。每个人都是独特的，有自己擅长的领域，也有独特的做事方法。贸易经济的存在，可以让每个人专门从事自己的专长，然后通过交换的方式，以较低的成本从他人那里获得自己所需的东西，这远比各自为战、孤立生产更轻松、更高效。

贸易经济不仅方便了个人，也可以使国家在相互交易中获益。各国可以专门从事自己最擅长的活动，并享受各种各样的物品与劳务，如生产一辆汽车，瑞典提供发动机，美国提供车框架，泰国提供轮胎，日本提供保险杠，韩国提供车灯……最后在中国组装加工，这就把各国的优势都发挥了出来，并生产出了更为优质的汽车，这就是贸易经济的好处。

CHAPTER 1
透过现象看本质，经济学十大原理

市场经济：
市场是组织经济活动的好方式

经济学家亚当·斯密在他1776年的著作《国富论》中，提出了经济学中最负盛名的观察结果：家庭和企业在市场上相互交易，他们仿佛被一只"看不见的手"所指引，导致了合意的市场结果。

怎么理解这番话呢？通俗解释就是，社会中的每个人都在努力追求个人满足，一般来说，个人并不企图增进公共福利，也不知道自己所增进的公共福利是多少，但在这样做的时候，有一只"看不见的手"引导个人去促进社会利益，并且其效果比个人真正想促进社会利益时更大。这只"看不见的手"，其实就是人们自觉地按照市场机制，自发地调节自己的行为，并实现消费效用最大化和利润最大化。

曼昆的第六大经济学原理，讲述的正是上述内容：市场通常是组织经济活动的一种好方法，这双看不见的手，可以实现对资源的最优配置。那么，市场在经济活动中究竟发挥着怎样的神奇魔力呢？

市场提供了一种机制，让人们相互进行交易，不管是企业还是个人，在价格和利益的激励下，都会做出相应的选择，这就是我们常说的"市场调节"。市场调节如同一双无形的手，而价格就是无形的手用来指引经济活动的工具。

举个生活中常见的例子：市场上的白菜卖1.5元一斤，萝卜卖0.8元一斤，那么农民们就会纷纷决定多种白菜，把原来种萝卜的地方改种白菜。不久后，大量白菜流入市场，而萝卜却没有人供应了。过量的供给导致白菜价格狂跌，

013

从原来的每斤1.5元变成了每斤0.5元。面对这样的情况，农民们开始琢磨，再种白菜已经不赚钱了，甚至还可能亏本，于是又开始改种萝卜。当大量的萝卜涌入市场后，价格又变得和当初过量供给的白菜一样了。如此反复，市场就呈现出供需趋于平衡的状态。

概括来说，市场通过价格机制、竞争机制、供求机制等调节经济活动，指引分散的、无数的个人在市场上进行相互交易，从而实现对资源的最优配置，并增加社会整体利益。在市场经济的指导下，无论是产品生产者还是消费者，只要对各自的利益做出理性的考虑和选择，都会带来合意的市场结果。

宏观调控：
政府有时可以改善市场结果

市场调节对于经济活动的重要性无须赘述，但市场绝不是万能的，也有"市场失灵"的情况出现。对于这类问题，曼昆的第七条经济学原理告诉我们：当市场调节无法有效配置资源时，政府有时可以改善市场结果。

2005年3月初，政府把"调控房价"列为政府工作的重点内容，随后央行正式取消房贷优惠利率政策，在漫长的5个月里，调控房产市场的政策频频出台。政府之所以要干预房地产行业，是因为一路高歌的房产市场背后，已经隐藏了严重的市场经济问题。

国际投资银行摩根士丹利的一份研究报告指出，房价高过当地居民户收入6倍的地区，就会被经济学家视为房产"泡沫区"。令人惊叹的是，当时中国的房价已经达到了户收入的10~20倍，中国的购房者收入与高房价比例相差悬殊，很多人已经无力购买住房了。

对此情形，单纯凭借市场本身的调控已经无法起到实质性作用，于是政府开始进行宏观调控，国务院办公厅下达多种文件来调控房价，如严禁炒地、遏制投机炒作行为、完善租房制度，等等。国家的一系列调控政策，最终取得了明显效果，给房地产界以强有力的打击，稳定了房地产供求关系的基本平衡。

从经济学角度讲，宏观调控就是宏观经济政策，即国家对国民经济总量进行调节与控制，目的是保持经济总量平衡，抑制通货膨胀，促进重大经济结构优化，实现经济稳定增长。市场虽然是经济活动的主要组织方式，但它始终不

 经济学与生活

能脱离政府的保护。有了政府宏观经济政策的保障,市场才可以有效运行。

当然了,政府有时可以改善市场结果,但并不意味着它总是能如此。那么,什么时候可以调控,什么时候不能调控呢?这就需要利用宏观调控的经济学原理来判断:什么时候一项政府政策可以促进经济的良性循环,形成有效公正的经济体系?什么时候无法实现既定目标?

宏观调控

生产率：
一国的生活水平取决于它的生产能力

为什么不同国家的国民生活水平参差不齐，甚至相差甚远？为什么某一国家的生活水平已经提高了很多，却还是赶不上其他国家呢？怎样来解释这种巨大的差距呢？

这就引出了曼昆的十大经济学原理之八：一国的生活水平取决于它生产物品与劳务的能力。曼昆对于这种差别给出了如下解释："几乎所有生活水平的变动都可以归因于各国生产率的差别，这就是一个工人在一小时所生产的物品与劳务的差别。"

生产率是表示产出与投入比率的术语。如果相同数量的投入带来的产出提高了，那就表示生产率增长了；反之，如果相同数量的投入带来的产出降低了，那就表示生产率下降了。

对劳动者来说，其劳动生产率水平可以用两种方式表示：其一，单位时间内所生产的产品数量，即单位时间内生产的产品数量越多，劳动生产率就越高；其二，生产单位产品所耗费的劳动时间，即生产单位产品所需要的劳动时间越少，劳动生产率就越高。

由此可见，劳动生产率的状况，是由社会生产力的发展水平决定的。

从国家层面来说，一个国家只有能够生产大量的物品和劳务，其国民才能获得更高的生活水平和质量。那些单位时间内工人能够生产大量物品和劳务的国家，大多数人都可以享有较高的生活水平；那些生产率较低的国家，大多数

人都要忍受贫穷困苦的生活。所以，一个国家生产率的增长率，直接决定着其人均收入的增长率。

通常来说，决定劳动生产率高低的因素包括五个方面：其一，劳动者的平均熟练程度；其二，科学技术的发展水平；其三，生产过程的组织和管理；其四，生产资料的规模与效率；其五，与生产相关的自然条件。这些因素的综合结果，决定了一个国家的生产率状况。

至此，我们就不难理解，为什么不同国家的生产率状况参差不齐，甚至相差很多。要提高生产率，不能只偏重上述的某一项，而是需要几方面因素共同作用才能实现。

CHAPTER 1
透过现象看本质，经济学十大原理

 **通货膨胀：
发行过多货币，物价会上涨**

每个人都希望自己口袋里的钱越来越多，于是有些天真的孩子就会说："国家多印一些钱，不就行了吗？"钞票可以随便印吗？多发行货币就能增加人们的财富和产品的价值吗？

答案是，不能！在商品流通的过程中，不是随意发行多少纸币都可以的，流通中所需要的货币量有它必须遵循的标准。我们可以通过下面这个货币需求量的公式，清晰地知道印多少钞票才是合理的：

货币的需求量＝（商品价格水平×商品总量）/货币流通速度＝商品价格总额/货币流通速度

借助公式可以看出：流通中所需要的货币量，与商品总量和商品价格水平成正比，即社会中的商品总量越大，商品价格越高，所需要的货币量就越大；同时，它又与货币流通速度成反比，货币周转的次数越多，流通速度就越快。如果发行的纸币超过了实际流通过程中所需要的货币量，就会引发所谓的通货膨胀。

这也是曼昆的第九大经济学原理要告诉我们的：当国家发行了过多货币时，物价会上涨。当通货膨胀的程度超过了人们的预料时，就如同猛兽出笼，会破坏社会的信用基础，人们辛辛苦苦赚来的钱，变得不值钱了。

第一次世界大战之后，德国的经济濒临崩溃，面对战胜国强加的《凡尔赛和约》，德国不得不发行大量的货币为赔款筹资。当时，德国一份报纸的价格

 经济学与生活

从1921年1月的0.3马克上升到1922年5月的1马克、1922年10月的8马克、1923年2月的100马克，直到1923年9月的1000马克。在1923年秋季，一份报纸的价格竟然从10月1日的2000马克升到10月15日的12万马克、10月29日的100万马克、11月9日的500万马克，直到11月17日的7000万马克。当时的德国，可谓是经历了历史上最剧烈的超速通货膨胀。

对于通货膨胀，政府是一定要干预的。结合历史经验来看，治疗通货膨胀的手段主要有：减少货币供给，堵住货币发行的关口；利用提高税收、减少个人可支配收入等方法，降低消费需求；减少企业的税后利润，减少企业的投资需求；提高汇率，压缩国外需求等。

需要说明的是，不是所有的通货膨胀都会造成负面影响。适度的通货膨胀，可以让整个社会保持活力，促进一个民族的健康发展。真正需要干预的是恶性的通货膨胀，就像一战后德国出现的那类情况，才是经济的杀手。

菲利普斯曲线：通货膨胀与失业之间的短期得失交换

曼昆的经济学原理之十是"菲利普斯曲线"，最早由新西兰统计学家威廉·菲利普斯在《1861~1957年英国失业和货币工资变动率之间的关系》一文中提出，是用来说明失业率与货币工资变动率之间交替关系的一条曲线。

这条曲线表明：当失业率较低时，货币工资增长率较高；当失业率较高时，货币工资增长率较低，甚至可能是负数。依据成本推动的通货膨胀理论，货币工资可以表示通货膨胀率，所以这条曲线就可以表示失业率与通货膨胀率之间的交替关系。

换言之，失业率高，表明经济处于萧条时期，此时的工资和物价水平都比较低，因而通货膨胀率也比较低；失业率低，表明经济处于繁华时期，此时的工资和物价水平都比较高，因而通货膨胀率也较高。所以，失业率和通货膨胀率之间存在着反方向变动的关系。

在这样的情况下，人们就面临着通货膨胀与失业之间的短期权衡取舍。简单来说就是，如果人们希望降低失业率（降到自然失业率水平以下），就必须接受通货膨胀水平的上升，这就是"鱼和熊掌不可兼得"的延伸。

需要说明的是，通货膨胀与失业之间的替换关系只在短期内存在，它们之间不存在长期的权衡取舍。因为国家对于通货膨胀和失业予以高度重视，会通过宏观调控把失业率和通货膨胀率控制在"临界点"以内的安全范围内，绝不会坐视不理。

无论怎样，了解这一重要的经济学原理，对我们来说是有很大益处的，尤其是在面临失业的时候，可以帮助我们客观地分析自己失业的原因，准确地为自己的失业归因和定位，走出消极抱怨的负面情绪，更加理性地解决问题。

CHAPTER 2

理解专业术语，轻松看懂财经新闻

新闻联播里总在说的GDP有什么特殊意义？和GDP很像的GNP又是什么意思？为什么说可以跑不赢刘翔，但必须跑赢CPI？全网都在探讨的"内卷"是怎么回事？耳熟能详的金融危机、次贷危机，你了解多少？贫富差距依靠什么来衡量？这些几乎每天充斥耳边、映入眼帘的高频关键词，既是经济学中的重点，也是国家经济和国民生活关注的热点，理解了这些关键词，就又拨开了经济学的一层迷雾。

 经济学与生活

 GDP：
国内生产总值是什么意思？

收看新闻联播或经济类节目时，我们经常会听到有关GDP的播报，几乎所有人对这个名称都不陌生，但能够清晰地解释GDP意义的人，却只有极少数。

GDP是国内生产总值（Gross Domestic Product）的英文简称，指一个国家或地区所有常住单位在一定时期内生产活动的最终成果。我们要判断一

个国家或地区的生产能力有多少强，创造了多少社会财富，就可以用GDP来作为统一"标尺"。根据GDP报告，我们可以看出国家经济的变化趋势，确定当前经济是处于活跃期还是衰退期。

关于GDP，我们要澄清和解释两个重要的问题。

第一，人们通过自己的劳动所创造的产品和服务统称为社会财富，如工厂生产的产品、银行提供的服务、学校创造的价值等，这些社会财富加起来构成GDP。

社会总财富不存在国籍和民族之分，只要在一国的领土范围内，无论是国内企业还是外国企业，只要是它在这一期间创造的社会财富就都归入GDP内。比如：三星在中国的分公司所获得的利润，不能计入韩国的GDP，而要计入中国的GDP；比亚迪在美国的分公司获得的利润，要计入美国的GDP，而不能计入中国的GDP。

通常情况下，一个国家的GDP大幅增长，反映出该国的经济发展蓬勃向上，国民收入增加，消费能力增强，人民的生活水平也在提升。反过来，一个国家的GDP出现负增长，则显示该国的经济处于衰退状态，消费能力减弱，人民的生活水平也在降低。

所以，GDP是宏观经济中备受关注的经济统计数字，不但可反映一个国家的经济表现，还可以反映一国的国力与财富，被公认为是衡量国家经济状况的最佳指标。

第二，GDP存在局限性，要用科学的态度来看待。

GDP虽然重要，却也有一定的局限性。有时，尽管GDP在高速增长，但人民的生活水平却没有提升，原因就在于GDP代表的是全社会终端商品的价格总和，而我们的生活水平取决于全社会终端商品使用价值的总和。GDP无法反映出社会成本，不能反映经济增长的方式，以及为此付出的代价，更不能反映经济增长的效率、效益、质量，以及社会财富的总积累，还不能衡量社会分配与社会公正。

两年前，猪肉价格每斤25元，如果每个月吃10斤，需要250元；去年猪肉涨到35元，如果每个月还吃10斤，需要350元。这样看来，人们的生活水平没有什么变化，但消耗的GDP却增加了。如果人们嫌价格高，每个月改吃8斤猪肉，则需要280元。这样看来，GDP依然是比前一年增长了，但人们的生活水平却下降了。

就"吃猪肉"这件事可见，生活水平的高低取决于人们吃了多少肉，而GDP反映的却是购买这些肉花费了多少钱，两者既有相互关联的一面，又有相互背离的一面。

GDP只能告诉我们"有多少"，不能告诉我们"有多好"；只能告诉我们"产出多少"，不能告诉我们"付出多少"；只能告诉我们"蛋糕有多大"，不能告诉我们"蛋糕该怎样切"。

所以，不要片面地关注经济总量和速度的增长，要用科学的态度看待GDP。

GNP：
反映国家真实的经济状况

一对情侣相约去一家高档的法国餐厅吃饭，到了之后发现，等餐的顾客排起了长队，场面十分热闹。女生不禁感叹："这么多人来这家餐厅吃饭，得给咱们国家增加多少GNP呀！"男生笑着说："别做梦了，这是法国餐厅，人家的利润计入法国的GNP里，和咱们没关系。"

很显然，上述故事里的女生把GDP和GNP混淆了！

GDP是国内生产总值，跟国土原则联系在一起，但凡在本国领土上创造的收入，无论是不是本国国民创造的，都计入本国的GDP。GNP是国民生产总值，尽管与GDP的英文缩写只差一个字母，中文名称也只有一字之差，可在意义上却有着天壤之别。

GNP是国民生产总值（Gross National Product）的英文简称，是指一个国家或地区所有常住单位在一定时期内（年或季）收入初次分配的最终成果。也就是说，无论一个国家的生产要素流入哪个国家，只要它们仍然为该国的个人或法人所有，那么用这些要素生产出来的最终产品或劳务价值就称为该国的国民生产总值。

国民生产总值的计算方法有三种。

第一种，支出法，也称最终产品法，即"个人消费支出+政府消费支出+国内资产形成总额（包括固定资本形成和库存净增或净减）+出口与进口的差额"。

第二种，生产法，也称部门法，即从各部门的总产值（收入）中减去中间产品和劳务消耗，得出增加值。各部门增加值的总和，就是国民生产总值。

第三种，收入法，也称分配法，是将国民生产总值看作各种生产要素（资本、土地、劳动）所创造的增加价值总额。因此，它要以工资、利息、租金、利润、资本消耗、间接税净额（即间接税减去政府补贴）等形式，在各种生产要素中间进行分配。这样，将全国各部门（物质生产部门和非物质生产部门）的上述各个项目加以汇总，即可计算出国民生产总值。

与GDP相比，GNP能够更加真实地反映一国人民的生活水平，以及该国的经济水平。 因为GNP是本国国民生产的总产值，外资在该国的产值再大，也不属于该国。通常来说，比较落后的国家GNP都小于GDP，而发达国家的GNP则大于GDP。所以，用GDP来比较不同国家的经济状况是不可信的，GDP强调的是地域性，GNP强调的是国民性，从本质上，只有GNP才是真正属于自己的价值。

CHAPTER 2
理解专业术语，轻松看懂财经新闻

03 | CPI：
为什么劝你要跑赢 CPI？

网上曾经流传过一句话："你可以跑不赢刘翔，但必须跑赢CPI。"到底什么是CPI呢？其实，CPI就是消费者物价指数（Consumer Price

Index）的英文简称，它是反映与居民生活息息相关的商品及劳务价格变动趋势和程度的指标，通常作为判断通货膨胀水平的依据，以百分比变化为表达形式。

我国的CPI主要依照八大类进行计算，即食品烟酒、衣着、生活用品及服务、医疗保健、交通通信、教育文化娱乐、其他用品及服务、居住。这八大类的权重总和加起来是100。在每一类消费品中选出一个代表品，如：大多数人是吃米还是吃面，是穿皮鞋还是穿布鞋等。国家统计局选出一定数量的代表品，把这些代表品的物价按每一月、每一季、每一年折算成物价指数，定期向社会公布，就是我们所说的官方CPI。

通常来说，CPI的增幅大于3%时，就意味着发生了通货膨胀；当CPI的增幅大于5%时就意味着通货膨胀很严重了，这对国家的经济发展会造成不利影响。当生活成本提高后，金钱的购买力会下降，假设去年我们得到100元没有花掉，而今年CPI上升了6%，那么现在我们用这100元只能买到相当于去年94元就可以买到的商品及劳务服务，说明我们的财富在缩水。

CPI的变化也会对股市产生一定的影响。CPI增幅过大导致通货膨胀，央行为了抑制通胀就会采取加息等紧缩策略，继而导致股市流动资金减少，而减小股票的买盘。根据供求关系，股票买盘小的情况下其价格就会下跌。反之，如果CPI降低，则股市走热，股票上涨。

不夸张地说，CPI在不同程度上影响着日常生活的诸多方面，我们也能明显地感觉到，身边的一切物品似乎都在涨价。无论我们是否愿意，财富与CPI之间的这场赛跑我们都必须参加，且必须得跑赢。否则的话，我们辛辛苦苦赚来的钱就会贬值。

想要跑赢CPI不容易，但也不是没有可能。我们需要改变投资观念，花点时间去学习正确的理财观念，掌握相应的知识和技巧，通过健康理性的投资实现财富的增值。

04 PPI：
生产者物价指数上升是好事吗？

PPI是生产者物价指数（Producer Price Index）的简称，也称为工业品出厂价格指数，是用来衡量制造商出厂价的平均变化的指数。PPI是反映某一时期生产领域价格变动情况的重要经济指标，也是制定相关经济政策和国民经济核算方法的重要依据。

我们已经知道，CPI是居民消费价格指数，反映的是消费者支付的商品和劳务的价格变化情况，也是度量通货膨胀水平的一个工具。然而，PPI反映的是生产环节价格水平，根据价格传导规律，它会对CPI产生一定的影响。整体价格水平的波动，往往最先出现在生产领域，然后通过产业链向下游产业扩散，最后波及消费者。

当PPI上升时，意味着企业出厂价格提高，企业的盈利增加。但是，如果下游价格传导不力，或者市场竞争激烈，走高的PPI还意味着众多竞争性领域的企业面临的成本压力越来越大，继而影响企业盈利，整个经济运行的稳定性也会受到干扰。

曾经有人把国家比喻成一列快速行驶的列车，普通居民是列车上的乘客，各类企业是列车的零部件，国家经济政策是确保这辆车快速平稳行驶的控制系统。如果GDP反映的是速度指标，那么CPI和PPI反映的就是列车运行稳定程度的指标。倘若CPI太高，车上的乘客就会感到严重的颠簸；如果PPI不正常，列车的零部件也会承受过大的压力。无论是哪一种情况发生，国家都要对宏观经济进行调整。由此也可知，CPI和PPI的走势在某种程度上反映着整个经济运行得是否健康，且能据此预判国家的未来宏观经济政策。

05 次贷危机：
当富人把钱借给还不起债的穷人

从2007年开始，"次贷危机"一词开始频繁出现在各种媒体上。

什么是次贷危机呢？我们拆解一下这个词，先从"次贷"说起。

贷款在美国是一种普遍现象，特别是买房这件事，很少有人付全款，大部分人都会选择长时间贷款。然而，美国的失业和再就业情况也很普遍，那些收入不稳定甚至没有收入的人，买房时由于信用等级达不到标准，就被定义为次级信用贷款者，简称次级贷款者。这个"次"是相对"高"和"优"而言的，代表信用低、还款能力低。**所谓次贷，就是次级按揭贷款，给这些信用状况较差、没有稳定收入和还款能力证明的个人的住房按揭贷款。**

相比给信用高的人按揭贷款，次级按揭贷款的风险较大，因而利率也高

一些，这样可以让次贷机构获得更大的收益。为了尽快回笼资金，次贷机构把这些贷款打包发行债券，这些债券利率也比优贷的利率要高。面对高回报的诱惑，投资银行、对冲基金等投资机构纷纷向这些债券抛来橄榄枝。

然而，上述的高回报是有条件的，那就是美国房价不断上涨。如果房价持续上涨，利益链条可以正常运作，遗憾的是，从来没有只升不降的资产价格。当经济进入滞胀，通胀泛滥，资产价格就会下跌。从2006年开始，美国楼市开始下滑，房价随之下跌，次级贷款的多米诺骨牌也随之倒塌，众多家庭无力偿还贷款，大量的违约房产被银行收回拍卖，贷款银行遭受巨大损失，美林、花旗、瑞银等多家知名投资银行也没能幸免。

透过美国的次贷危机，我们应当认识到哪些问题呢？或者说，吸取哪些教训呢？

斯蒂芬·罗奇说过："时机就是一切。"美国针对次贷危机采取的行动略显滞后，美国媒体和经济界人士认为，如果在次贷危机刚刚爆发之时，政府就采取果断的措施，情况可能会大有不同。很遗憾，他们错过了这个时机。次贷危机告诉我们，大到国家经济，小到个人生活，都不要等到事情发展到难以收拾的局面时再去解决，未雨绸缪是最理智的选择，再不济也要悬崖勒马，避免更糟的情况发生。

06 | 金融危机：请注意，不是经济危机！

2008年是全球经济的一个悲惨之年。

受次贷危机的影响，多米诺骨牌效应日渐凸显，先是贝尔斯登破产被托管，接着是房地美和房利美（美国最大的两家非银行住房抵押贷款公司）危机爆发，引发民众疯狂挤兑潮，美国政府被迫承诺接管两房；之后美国第四大投行雷曼兄弟宣布破产，美林证券被美国银行收购，而摩根士丹利和高盛被迫转型为银行控股公司……至此，美国次贷危机引起的华尔街风暴，已经彻底演变成全球性的金融危机。

提到金融危机，会有人想当然地认为：不就是经济危机吗？殊不知，这是一种误解。

金融危机，指的是与货币、资本相关的活动运行出现了某种持续性的矛盾。以次贷危机为例，其根本原因在于资本市场的货币信用通过金融衍生工具被无限放大，在较长的时期内带来了货币信用供给与支付能力间的巨大缺口，严重偏离了现实产品市场对信用的有限需求。当这种偏离普遍地存在于金融市场的各个领域时，次贷危机就会向金融危机演化。

经济危机，指的是在一段时间里价值和福利的增加无法满足人们的需要，如供需脱节带来的大量生产过剩，即传统意义上的经济萧条。经济危机与金融危机最大的区别在于，它们对社会福利造成的影响程度与范围不同，**金融危机某种意义上是一种过程危机，而经济危机是一种结果危机。**

不可否认，金融危机与经济危机确实存在一些联系，大部分的经济危机与金融危机是相伴随的。换句话说，在发生经济危机之前，往往先会出现一波金融危机。

我们以生产过程为例，资本在生产过程的第一阶段（投资阶段）开始介入，货币资本转化为生产资本；在第二阶段（加工阶段），资本的形态从投资转为商品；到了第三阶段（销售阶段），资本的形态由商品转化为货币。在这些转换过程中，货币资本的投入与取得在时空上相互分离，任何一个阶段出现不确定性和矛盾，都可能导致货币资本的中断，导致资本投资无法收回，继而出现金融危机。当这种不确定性和矛盾出现在较多的领域中时，生产过程就会因为投入不足而中断，导致产出严重下降，引发大范围经济危机。

在某些情况下，也不排除金融危机可以独立于经济危机而发生，特别是当政府在金融危机爆发之初就采取强有力的应对措施，就可以阻断货币信用危机和生产过程之间的联系，继而避免经济危机的发生或深入。

任何事物，当它发展速度过快的时候，都会加速其自身的死亡，人类历史上爆发的几次大规模的金融危机都是如此。金融市场的投资者，如果不能克制自己的贪婪，损失会是惨重的。金融市场的风险时刻存在，只有避免不必要的和不可控的风险，凭借明智和理性来投资，获取合理的利润，才不会掉进深渊。

07 | 泡沫经济：
一朵花引发的群体狂热

16世纪中期，郁金香从土耳其引入欧洲。不久后，人们对这种植物展开了狂热的追逐。到17世纪初期，一些珍品卖到了不同寻常的高价，富人们也竞相在他们的花园中展示最新的和最稀有的品种。到了17世纪30年代初期，人们购买郁金香已经不再是为了其内在价值或用来观赏，而是期望它的价格无限上涨，给自己带来巨大的收益。

当时，荷兰全国上下都开始为郁金香疯狂。最初参与投资的人们都赚到了钱，尝到了甜头后，大家宁愿把所有的钱都投资到郁金香的买卖中。人们相信，郁金香热会永远持续下去。然而，美好与灾难之间，只有一步之遥。当人们还在陶醉之际，泡沫经济露出了狰狞的面目。

1637年2月4日，已经严重脱离其实际价值的郁金香，在一夜之间变得像魔鬼一样恐怖。这一天，希望出手郁金香获得暴利的人们震惊地发现，郁金香的价格急剧下跌，市场几乎在转眼之间就迅速崩溃。那些欠着高额债务进行买卖的人，一下子变得一文不名，许多人自杀，社会动荡不安。混乱的事态让荷兰整个国家陷入了经济危机，郁金香市场上演了人类历史上第一次有记载的"泡沫经济"。

泡沫经济，指的就是资产价值超越实体经济，极易丧失持续发展能力的宏观经济状态。泡沫经济通常是由大量的投机活动引发的，其本质就是贪婪。由于缺少实体经济的支撑，其资产像阳光下色彩绚烂的泡沫一样，很容易在瞬间破裂。

之所以出现泡沫经济，主要有两方面的原因。

第一，宏观环境宽松，有炒作的资金来源。商品经济有周期性增长的特点，经历一轮经济萧条之后，政府为拉动经济增长，常常会降低利息，放松银根，刺激投资和消费需求。一些手里有资金的企业和个人通常会把资金投到有保值、增值潜力的资源上，这就为泡沫经济的成长奠定了社会基础。

第二，社会对泡沫经济的形成和发展缺乏约束机制。结合历次泡沫经济的发展过程来看，社会并未对促进经济泡沫成长的各种投机活动进行监督和控制。这些投机的活动通常是两两交易，没有一个中介机构参与其中进行监控。在投机过程中，也没有一个监控机制监督货款的支付活动。政府不可能置身于企业之间的交易活动中，且很容易被投机交易形成的经济繁荣假象暂时迷惑，直到问题积累到一定程度才有所觉察。

泡沫经济的破灭是瞬间的，其影响却是严重而长远的，它会导致股价、地价大幅下跌，不动产业萧条，欠款欠账等不良债务大幅增加。20世纪80年代中期，日本的房地产形成了泡沫经济，当时一个东京的地价相当于整个美国的土地价格。当泡沫破灭后，日本房价急剧下跌，大批量土地和房屋卖不出去。随后整整15年的时间，日本都在为之还债：经济萧条、政局动荡、犯罪率上升。泡沫经济带给我们的启示是深刻的：华而不实，难以长久。

08 | 人民币升值：
有人欢喜有人愁

听到"人民币升值"几个字，许多人不免心生欢喜：我们的钱更值钱了，出国旅游、买进口商品都变得便宜了，多好的事啊！事情到底有没有想象中那么好呢？对于人民币升值这件事，我们还真的要从多个视角去看待和理解。

人民币升值对富人的好处是明显的，比如到国外旅行、购置产业会更便宜，而富人手里拥有的钱也变得更值钱了。对老百姓来说，在固定货币收入的前提下，人们自然也希望可以用有限的货币交换更多的东西。比如，有些人希望出国留学，在取得国外大学的入学许可后，由于无法证明有足够的费用可以支付在国外的学费、生活费，最后不得不放弃出国留学的梦想。然而，当人民币升值后，在各项费用不变的情况下，去国外留学会比以前花费要少。

不过，也有人听到人民币升值的消息后唉声叹气，比如做进出口贸易的张老板。他每年采购商品向国外发货，由于人民币升值，他的订单减少了很多。更重要的是，美国客户都以美元结算，结算后换得的人民币就更少了。原来10万美元能换得80万人民币，人民币升值后，10万美元只能换得70万人民币。同样的价格，由于人民币升值，张老板的收入凭空减少了10万人民币，他怎能不懊恼呢？更要命的是，人民币升值影响了国内商品的价格，张老板采购的成本也随之提升了。

看到这里，可能有些人会心生疑问：人民币升值，不是意味着钱更值钱了吗？为什么买东西的时候，没感觉到钱值钱，反倒还不如以前了呢？这是因为，对普通百姓而言，人民币升值那么一点点，影响并不太大。可是对那些持有大量资金的个人和金融机构而言，情况却完全不同。假如一个人拥有80亿人民币，原来可以兑换10亿美元，现在人民币升值了，他用70亿人民币就能兑换10亿美元，白白赚了10亿人民币。人民币升值的趋势，促使大量的外币机构储备人民币。人民币的需求越大，其价值会越高。大量的人民币涌入中国市场，而只有中国消费人民币，这就会在中国导致通货膨胀，物价上涨。所以，人民币升值这件事，普通老百姓并不会得到想象中那么大的好处，对出口商的打击也特别大。

任何事物都需要一分为二地看待，人民币升值也是一样。 人民币适当升值，可以帮助我国缓解与主要贸易伙伴的关系，减少经贸纠纷，在国际上树立良好的大国形象。然而，凡事有度，过犹不及。如果人民币升值过快，那么经济泡沫和长期萧条的悲剧，可能就要上演了。

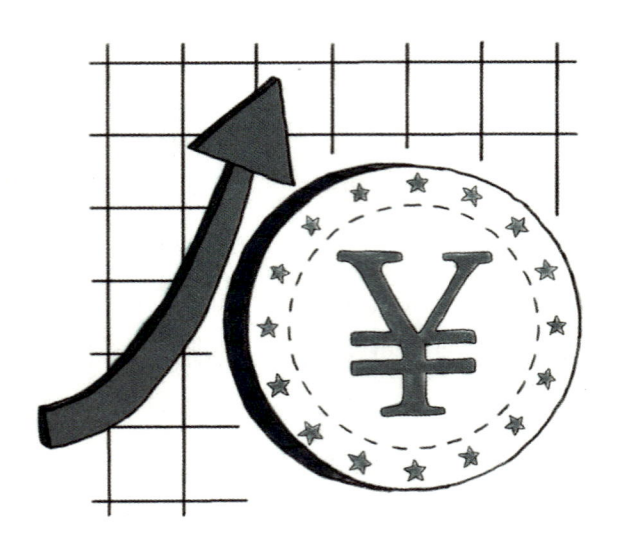

09 恩格尔系数：
剖析一下你的消费结构

20世纪80年代初期，同在一个工厂里工作的老张和老赵，上下班路上碰见时，会打招呼问对方："吃饭了吗？"；到了80年代中期，两人见面时会问："看某某台的那个节目了吗？"；到了90年代末，他们会问："这次单位分房有你的吗？"；如今，两人已经退休在家，晚年生活相当丰富，见面时的招呼语也跟过去截然不同。那天，老张碰见老赵，张口就问："还炒股吗？前两天股市跌得可够厉害的……"

为什么人们见面时的招呼语会随着时代的发展而改变？实际上，这里牵涉到了家庭消费结构的改变。马斯洛需要层次理论告诉我们，人类维持自身生存的最基本条件就是满足生理需要，只有满足了这一需要之后，才会向更高一层次拓展。随着生活条件的改善，人们已经不再为吃饱饭发愁了，在其他方面消费的比例就会增加。为了衡量居民的生活水平高低，经济学家就用食品支出总额占个人消费支出总额的比重来作为"标尺"，并将其称为"恩格尔系数"。

恩格尔系数（%）= 食品支出总额 / 家庭或个人消费支出总额 × 100%

19世纪德国统计学家恩格尔根据统计资料，得出一个消费结构的变化规律：家庭收入越少，家庭总支出中用来购买食物的支出比例越大；随着家庭收入的增加，家庭总支出中用来购买食物的支出比例就会下降。推而广之，一个国家或地区生活越贫困，恩格尔系数就越大；反之，生活越富裕，恩格尔系数就越小。

根据联合国粮农组织提出的标准,恩格尔系数低于30%为最富裕,30%~40%为富裕,40%~50%为小康,50%~59%为温饱,大于59%为贫困。需要注意的是,恩格尔系数是依据经验数据得来的,其适用条件是假定其他一切变量都为常数,所以在考察食物支出所占比例的变动时,还要考虑其他变化因素,如城市化程度、饮食业和食物本身结构变化等。比如我们国家在运用这一标准进行国际与城乡对比时,会考虑到一些不可比因素,如消费品价格不同、居民生活习惯差异、社会经济制度不同所导致的特殊因素等。

总之,我们要正确理解恩格尔系数,对于上述提到的一些不可比因素,在分析和比较时应予以剔除。在观察历史情况的变化时也要注意,恩格尔系数反映的是一种长期的趋势,而非逐年下降的绝对倾向,它是在短期的波动中求得长期的趋势。

同时,恩格尔系数这个衡量指标并不是万能的,偶尔也会出现假象或失灵的情况。比如在我国的一些贫困地区,人们长期以来形成了缩衣节食的习惯,这种习惯会导致恩格尔系数降低,但人们的生活水平却没有实质性的提高。

10 基尼系数：
怎样判断贫富两极分化？

富翁在远行前交给三个儿子每人一锭银子，吩咐他们拿这些钱去做生意。时隔一年后，富翁回来了，三个儿子来到父亲面前，述说他们的成果。大儿子用父亲给的一锭银子赚了十锭银子，富翁给了他一万锭银子。二儿子用父亲给的一锭银子赚了五锭银子，富翁给了他五千锭银子；三儿子一直用手帕包裹着父亲给的一锭银子，小心翼翼地保存着，唯恐丢失，结果父亲却把他的这一锭银子赏赐给了大儿子。父亲解释说："凡是多的，还要给他，让他多多益善；凡是少的，就连他所有的，也要夺过来。"

尽管这只是一个寓言故事，却道出了贫者愈贫、富者愈富的收入分配不公的现象。在现代社会中，为了能够更加直观地反映和检测居民之间的贫富差距，预报、预警和防止居民之间出现贫富两极分化，经济学家们经常会用到基尼系数。

所谓基尼系数，是1912年意大利经济学家基尼首次提出的，**它是指定量测定收入分配差异程度，国际上用来综合考察居民内部收入分配差异状况的一个重要分析指标**。这一概念提出后，很快得到了各界的普遍认同。

基尼系数最大是1，最小是0。前者表示居民之间的收入分配绝对不平均，即100%的收入被一个单位的人全部占有；后者表示居民之间的收入分配绝对平均，即人与人之间的收入完全平等，没有任何差异。很显然，这两种情况都是理论上的绝对化形式，在现实中基本不会出现，所以基尼系数的实际数值往往都在0~1。在这个区间内，基尼系数越大，收入分配越不平均；基尼系数越小，收入分配越平均。通常来说，0.4是贫富差距的警戒线，一旦超过这个数值，就容易出现社会动荡。

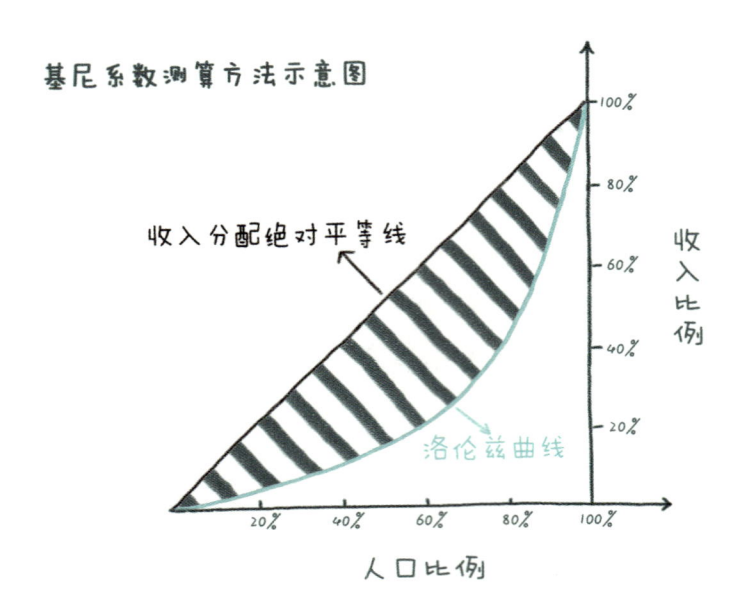

基尼系数测算方法示意图

收入分配绝对平等线

洛伦兹曲线

收入比例

人口比例

那么，中国的基尼系数是什么情况呢？

随着改革开放的深入，我国的经济突飞猛进，贫富差距也开始不断加大。2004年，国家统计局公布的数据显示，我国的基尼系数已经达到了0.47，突破了合理的限度，总人口中20%的最低收入人口的收入份额仅占总收入的4.7%，而总人口中20%的最高收入人口的收入份额占总收入的50%，突出表现在收入份额差距与城乡居民收入差距拉大、东中西部地区居民收入差距过大、高低收入群体差距悬殊等。

看到这个数值时，有些人会产生"基尼恐慌"，其实大可不必。

把基尼系数0.4作为监控贫富差距的警戒线，是对许多国家实践经验的一种抽象与概括，具有一定的普遍意义。然而，各国、各地区的具体情况有很大差别，居民的承受能力、社会价值观念都不相同，所以这种数量界限只能作为宏观调控的参照系，而不能成为一种禁锢和教条。从我国的实际情况出发，在单独衡量农村居民内部或城镇居民内部的收入分配差距时，可以将各自的基尼系数警戒线设定为0.4；而在衡量全国居民之间的收入分配差距时，可以将警戒线上限设定为0.5，实际工作中按照0.45操作。

面对我国基尼系数上升、贫富差距拉大的事实，中央开始研究改革收入分配制度和规范分配秩序的问题，极力构建科学合理公平的分配制度，试图提高低收入者的收入水平，扩大中等收入者比重，调节过高收入，取缔非法收入，努力缓解地区之间和部分社会成员之间收入分配差距扩大的趋势。

国际劳工组织有一项关于基尼系数的研究显示：基尼系数的高低和人均国内生产总值密切相关，即经济发展水平越低（人均GDP越低）的地区，其社会的收入分配也普遍趋向于不平均（基尼系数高）。这就是说，对于基尼系数的运用要充分考虑社会条件和发展水平的差异，而不能一味地照搬。如果不考虑这些因素，完全把发达社会的基尼系数经验数据运用到发展中国家，就会陷入教条主义，违背原本的科学方法。

基尼系数在反映经济公正性方面也有局限性，它反映的是一个静态的结果，针对指标分配的结果，而没有充分考虑分配的初始条件和分配中各群体投入的劳动。所以，基尼系数只是一个单纯致使结果公正的工具，而不反映过程的公正与否。换句话说，它只看不同人群最后获得了多少钱，而不看各组人群究竟为了获得那些钱接受了多少教育、付出了多少劳动。这就提示我们，在追求结果公平的同时，还要注重社会公平与规则公平，摒弃只看结果不看过程的错误思想。

经济学与生活

11 二八法则：20% 的人占有 80% 的社会财富

提到二八法则，很多人都不陌生，这也是经济学中最负盛名的法则之一。

1897年，意大利经济学家帕累托偶然留意到19世纪英国人的财富和收益模式，在经过一系列的研究后提出了这条法则。帕累托在调查取样中发现，大部分的财富流向了少数人的手里，他还发现，某一个族群占总人口数的百分比，与他们所享有的总收入之间，存在一种微妙的关系。他在不同时期或不同国家都发现了这一现象，无论是早期的英国还是其他国家，都存在这种微妙关系，且在数学上呈现出一种稳定的关系。

结合大量具体的事实，帕累托发现：**社会上20%的人占有80%的社会财富，即财富在人口中的分配是不平衡的。** 后来，人们发现这种二八的分配还存在于生活中的其他领域：

20%的产品或20%的客户，带来企业约80%的收入；

20%的汽车狂人，引起80%的交通事故；

20%的孩子，享受80%的高水平教育；

20%的朋友，占据了80%的与朋友会面的时间；

电脑80%的故障是由20%的原因造成的；

一个国家的医疗体系中，20%的人口和20%的疾病，会消耗80%的医疗资源。

……

二八法则反映的是一种不平衡性：多数因素只能造成少许影响，少数因素却会造成重大的影响。 事物本身存在一定的秩序关系，各种关系内在的力量也是不平衡的，必然有强势和弱势之分，也势必会造成因果关系的不对等。这样一来，投入和产出就不会成正比。从财富分配的角度来说，这种不平衡性，导致了收入的差距。举例来说，员工和老板同样投入8小时用于工作，但其产出的成果是完全不一样的。员工8小时获得的报酬是200元或300元，而老板工作8小时获得的报酬是1万元。

二八法则告诉我们，要把80%的资源用在能够产出关键效益的20%的方面，而这20%的方面又能带动其余的80%的发展。我们的时间、精力、成本都是有限的，所以一定要学会合理分配，把这些稀缺品用在最重要的事情上，唯有关注最重要的20%，才能拥有好的收益。

12 幸福指数：
幸福感与金钱成正比吗？

幸福指数是经济学中的一个名词，是衡量人们对自身生存与发展状况的感受和体验，即人们的幸福感的一种指数。最早由不丹国王提出并实践。南亚小国不丹，人均GDP一直不高，但国民整体生活却较为幸福。所以，评估一个国家是否真正富强，不能单纯看国民生产总值的增长速度，还要看人民内心的真正感受，他们是否觉得安全？是否感到快乐？是否认同自己的生活？

那么，幸福感是什么呢？它与拥有财富的多少成正比吗？是不是有了足够的钱，内心的幸福感就会大幅提升呢？其实，幸福感是一种心理体验，既是对生活的客观条件和所处状态的一种事实判断，也是对生活的主观意义和满足程度的一种价值判断，它表现为在生活满意度基础上产生的一种积极心理体验。

美国经济学家保罗·萨缪尔森提出过一个有关幸福的方程式：幸福＝效用/欲望。简单解释，幸福就是效用和欲望的比较。效用，是人们消费某一种物品时得到的满足程度；欲望，是对某种物品效用的强烈需要。

举例来说，金钱可以给人带来效用，每个人对财富都存在欲望，当一个人赚到钱后，他会产生一种幸福感。根据上述公式，如果两个人的财富欲望水平是一样的，都渴望拥有100万元，那么赚了50万元的人就比赚了20万元的人幸福；但如果赚了50万元的人的欲望是100万元，而赚了20万元的人的欲望就是20万元，那么赚了20万元的人尽管比赚了50万元的人拥有的金钱数额少，可他却比赚了50万元的人幸福感更强。同理，如果效用超过了欲望，幸福感就

CHAPTER 2 | 理解专业术语，轻松看懂财经新闻

会丧失。

现代经济学认为，金钱只是能够给人带来幸福的因素之一，而不是唯一。人们是否幸福，在很大程度上还取决于感情、健康、精神等与财富无关的因素。心理学家曾经调查过22个平时有抑郁情绪但曾经中过彩票大奖的人，结果发现：当中奖事件过去以后，他们很快又回到了从前的抑郁状态，依然感觉不幸福。

那么，世界上最贫穷的人的幸福感是怎样的呢？调查显示，最贫穷的人生活幸福感并不是很差，他们的幸福感与中等收入的人相比，只是略微低一点。贫穷不必然导致精神上的痛苦，贫穷更像是一种社会病，是由于教育、就业和经济发展不平衡导致的。一个人如何看待金钱，比金钱本身更能够影响他的幸福感。那些把金钱看得特别重的人，对收入的满意度较低，对生活的总体满意度也比较低。

通常来说，**越是人们缺少的东西，越能够给其带来幸福感。**比如，身患重病的人，如果能够恢复健康，就会让他感到幸福无比；颠沛流离的打工人，若能拥有一套自己的房子，也会觉得很幸福。当然了，人的欲望是无限的，一个欲望满足后，又会有新的欲望产生，这也导致有些人的幸福感持续的时间很短，因为总有新的需求亟待满足。

总之，每个人都有自己衡量幸福感的标准。有时候，我们认为一个人幸福，他自己却并没有这样的感觉；有时候，我们认为自己不幸福，殊不知在别人眼里，我们已是被羡慕的对象。所以，想找到自己的幸福感，需要秉持一颗真诚的、热爱生活的心，建立符合实际的目标和期望值，平心静气地去看待挫折、看待他人的成功，不必比较和嫉妒，用心感受自己拥有的东西，过好属于自己的人生。

13 综合国力：
怎样衡量国家的综合实力？

我们经常会听到"综合国力"这四个字，到底什么是综合国力呢？又该如何衡量呢？

综合国力，是衡量一个国家基本国情和基本资源最重要的指标，也是衡量一个国家的经济、政治、军事、科技等实力的综合性指标。但是，对于如何界定和衡量一个国家的综合国力或战略资源，国际上暂无统一的定义和计算方法。

国际安全与美国外交及国防政策专家阿什利·泰利斯认为，国家实力是两个分量相互作用的结果，即一个国家在给定时间上具有掌握经济创新周期的能力，并利用这种控制能力形成有效的军事能力，以此创造一个稳定的政治环境，强化现有的经济优势，为保持国家的战略优势以及从国际体系中获益提供基本条件。简单概括，综合国力可以定义为一个国家通过有目的的行动追求其战略目标的综合能力。

国际关系学者肯尼思·华尔兹认为，实力是各种能力的分布，综合国力就是国家战略资源的分布组合，为实现一个国家的战略目标服务。我们所说的综合国力，通常指的是各类国家战略资源的综合，而国家战略资源一般是指某一类战略资源。

中国社科院世界政治与经济研究所研究员王逸舟认为，综合国力的评估项目包括八个方面的内容：自然资源、国内经济、进出口贸易、军事、科技、政府调控能力、外交、社会发展能力。他提到，这个概念最早是美国人提出来的，但目前只有中国等少数几个国家在使用。

与过去相比，当代世界各国的综合国力水平都有了很大的发展，综合国力的体现已经不像原来那么简单，而是各方面因素的全面体现。综合国力不单单指某一项力量或因素，而是多种因素或各种因素的综合，所以"综合"就成了研究综合国力的基本方法。目前，没有统一的综合定量方法可以准确而充分地反映综合国力的状况或水平，但广大学者在对综合国力进行研究的过程中，已经提出或建立了一些较为简单可行的定量方法。随着对综合国力研究的不断深入，我们相信这一问题会逐渐得到解决。

14 财政收入：
实现国家职能的财力保证

请大家试着思考一个问题：中国封建王朝的顶峰是哪个朝代？

相信会有人认为是"唐朝"，因为描写唐朝繁华景象的古诗有很多，描绘的都是唐朝的美好景象。然而，《大英百科全书》中给出的答案却是这样的："中国封建王朝的顶峰是宋朝，而不是唐朝。宋朝是中国历史上经济最繁华、科技最发达、文化最昌盛、艺术最高深、人民生活水平最富裕的朝代。"

这个答案是怎么得出来的呢？有相关资料证实：宋朝年间的财政收入最高曾达到16000万贯文，北宋中后期的财政收入也达到8000万~9000万贯文，哪怕是在已丧失一半江山的南宋时期，财政收入依然高达10000万贯文。看到这些数字，我们可能会感到茫然，没关系，我们来跟明朝的财政收入作个对比，就一目了然了。

明隆庆五年（公元1571年），国家财政收入为250万两白银；万历二十八年（公元1600年），国家财政收入为400万两白银；明末，国家财政收入为1000万两白银。银钱的兑换率通常是"1两白银兑1贯铜钱"，由此可见，宋朝真的是封建历史上最繁荣的国家，宋代的GDP占全球的50%！原因不难理解，中国古代的四大发明，有一半以上出现在宋朝，这些都为国家的财政收入做出了巨大贡献。

说了半天，到底什么是财政收入呢？确切的定义是什么？

我们把"财政收入"这个经济学名词拆解一下，先来说说"财政"：国家的收入和支出就是财政，它是与国家的产生和存在相关联的整体。从本质上来讲，财政是一种分配关系，是国家凭借政治权力在社会范围内集中性的分配关系。由此延伸，财政收入就是指国家财政参与社会产品分配所取得的收入，是实现国家职能的财力保证。

财政收入主要包括以下几部分的内容：第一，各项税收，如工商税、农业税、增值税、营业税、土地增值税、资源税、个人所得税、企业所得税等；第二，专项收入，如专卖、专款、征收城市水资源费收入、教育费附加收入等；第三，其他收入，如基本建设收入、罚没收入、国家资源管理收入和杂项收入、捐赠收入等。就我国的财政收入而言，有95%来自税收，其他各项收入仅占5%。这些财政收入取之于民，也用之于民，都将用于公共领域的建设上，其目的是改善民生。

财政收入和经济发展也是相互影响、相互促进的，经济的发展会直接促进财政增收，而财政增收又能使政府拿出更多的财力支持经济发展。国家的财政收入掌握着国家的经济命脉，是社会保障的根基，也是构建和谐社会的前提。据报道，2010年前五个月中国财政收入为35470亿元，比去年同期增加8362亿元，增长30.8%。

国家的财政收入不仅关系到社会经济发展和人民生活水平的提高，也关系到正确处理国家、单位和个人三者之间与中央和地方两级利益的关系，还关系到不同对象的合理负担问题。为了处理好这些关系，在组织财政收入时，需要掌握几项重要原则：

原则1：发展经济，广开财源。

原则2：兼顾三者和两级利益。

兼顾三者利益，指的是财政在处理国民收入分配，并相应取得自身收入的过程中，不能只顾财政收入的取得，还要把必要的财力留给单位和个人，以调动和发挥他们的积极性。

兼顾两级利益，指的是国家财政在处理国民收入分配，并相应取得自身收入的过程中，要兼顾中央级财政和地方级财政的利益关系。按财政管理体制，国家财政是分别由中央预算和地方总预算构成的两级财政，两者各有各的具体职能，也形成各自的利益关系。所以，在组织财政收入时，要兼顾两级利益关系。

原则3：合理负担原则。

这主要体现在税收方面，指在组织财政收入时，按纳税人收入的多少，采取不同的征收比例，实行负担能力强的多负担，负担能力弱的少负担。通常采用不同的征税范围、不同的税率、减免税等方式实现。

15 | 拉弗曲线：
为什么减税才有可能增税？

1974年，美国经济陷入了"滞胀"的困境中。

南加利福尼亚商学院的教授阿瑟·拉弗，与当时福特总统的白宫助理切尼，在华盛顿的一家餐厅共进午餐。拉弗为了让切尼明白，美国的"滞胀"只有通过减税才能解决，即兴在餐巾纸上画了一条抛物线，深入浅出地给切尼讲明了减税的奥妙所在。

当时，《华尔街日报》的副主编万尼斯基也在场，他立刻在报纸上宣传了这一曲线，自此拉弗曲线开始声名远扬，其减税主张也得到了社会各界的认同，最终被后来的里根政府采纳。通过这件事，拉弗的名字也开始为人们所知。

从经济学的角度看，取于民是否有度，和税收政策的制定密切相关。如果一个国家的税收政策正确合理，就可以改善投资环境，吸引资金、扩大实业，由此便能扩大税基，增加政府的税源，实现国富民强。反之，如果横征暴敛，像古代那些衰败的王朝一样，让百姓难以过活，多少辉煌都会变成水中泡影。那么，在税收、政府和个人之间，究竟存在怎样的规律呢？在何种程度上才能让税收政策收获好的效果呢？

这是一个复杂而深奥的经济学问题。然而，拉弗却用一条曲线巧妙地做出了解释：当税率高到一定程度，总税收收入非但不会增长，反而会开始下降。这就是著名的拉弗曲线，解析得简单明了。在拉弗曲线刚刚问世的二十几年里，并没有多少国家的实践证明拉弗的这一假设，但经济学家们大都相信，税收会造成社会总经济福利的减少，过高的税率带给政府的可能不是税收增加的美好憧憬。

拉弗曲线提出了这样一个假设：减税才有可能增税。当税率为零时，税收也是零；当税率上升时，税收额也会上升；当税率增至某一点时，税收达到最高额。因此，这个点就是最佳税率。当税率超过了这个最佳税率点之后，税收额就开始下降。因为当税率超过一定限度时，企业的经营成本提高了，投资减少，收入减少。此时，税基减少，政府的税收也就少了。

其实，个中缘由不难理解：当税率低于某个水准时，可以调动社会的工作热情，促进社会的供给，政府的税收也会随之提升；当税率高于某个水准时，会降低工作热情和社会供给，政府的税收也会随之减少。所以，政府要想获得更多的税收收入，最好的办法是减税，而不是提高税率。

理想与现实存在差距，拉弗曲线在实际应用中也没有理论上诠释得那么完美，因为该曲线只对高税率的纳税人发挥预期的效果，低收入者不负担高税率，也就不会受到高累进税率的影响。真正负担高税率的只有高收入者额外高出的那部分收入，高税率只对这部分收入产生较大的副作用。所以，拉弗曲线只有运用阶层分析方法，才能在实际应用中发挥效用。无论如何，我们能从中明白一个道理：只有政府和纳税人之间确立一个最适宜的税率，社会才能出现双赢的局面。

经济学与生活

16 | 内卷化效应：无意义的内耗该叫停了

网上盛行这样一段话："让你加班的不是你的老板，而是其他愿意加班的人；让你拼命学习的不是选拔性考试，而是其他愿意学习的人；让你孩子上早教班的不是早教机构，而是其他愿意送孩子上早教班的家长。"甚至就连某些培训机构，都开始打出类似的广告语："您不来，我们培养您孩子的竞争对手。"

勤能补拙，这一点无可厚非，然而当所有人都这样想的时候，就容易变成一场无休止的恶性竞争。最为明显的就是教育领域，孩子们越来越累，放学后不是补习班就是兴趣课；家长也越来越累，从胎教到早教，再到学区房和五

花八门的辅导班，恨不得让孩子学会"十八般武艺"。在这场竞争中，起跑线被人们划得越来越靠前，孩子和家长付出了更多，而"赢"的希望却越来越渺茫。在描述这一现象时，网络上频繁出现一个词语：内卷化。

到底什么是内卷化呢？这个词语最先是美国著名的人类文化学家格尔茨提出来的，他在20世纪60年代研究爪哇岛的水稻农业时发现："农民在人口压力下不断增加水稻种植过程中的劳动投入，以获得较高的产量。然而，劳动的超密集投入并未带来产出的成比例增长，反而出现了单位劳动边际报酬的递减，即过密化现象。"这种现象就叫作"内卷化"，后来这一词语被引用到经济学中，用来解释一些经济现象。

经济学家认为，无论是一个社会的变迁，还是一种事物的演进，或是一个人的成长，一旦陷入内卷化的泥沼，就会在一个层面上无休止地原地踏步、自我重复、自我消耗而不向前发展。"内卷化"的结果非常可怕，它会让一个人在一个层面上不停地内缠、内耗、内旋，既没有突破式的增长，也没有渐进式的积累，进而陷入恶性循环中。大到一个社会，小到一个组织，微观到一个人，一旦陷入这种状态，只会无谓地耗费着有限的资源，重复着简单的脚步，浪费着宝贵的人生。

以教育问题来说，全国的名校是有限的，能上大学的名额也是有限的，原来每个地区、每个学校，依照原有的竞争实力，都可以获得相应的入学名额。而今，一些地区和学校为了让自己能够拥有更多的入学名额，通过压榨教师的劳动、压榨学生的时间，增强自身的竞争力，对其他学校和地区的名额进行抢夺。当其他地区和学校看到这样的情况，能善罢甘休吗？于是，他们也开始采取类似的方式提升自身的竞争力。

家长和学生的情况也是这样，看到其他学生去上补习班和兴趣班，家长唯恐自己的孩子落后，也纷纷参与其中。到最后，我们发现，所有的教师都比以前更苦了，所有的学生都比以前更累了，所有的家长都比以前更焦虑了，结果呢？可能上大学的名额依旧是那么多，甚至还不如以前，可在这个过程中，老师和家长牺牲了时间，学生们失去了童年和玩耍的权利。

过度的教育内卷化，让很多孩子早早地对学习丧失了兴趣，繁重的学习负担影响了孩子的身心健康，也让多少父母为之疯狂。最严重的问题是，一些人把教育内卷化作为敛财的工具，让家长们被迫为原本免费的义务教育花钱。

很多教育专家提到，教育内卷是在某种环境的裹挟下，所有人都提升了对自我的标准和要求。这原本没什么不好，真正需要关注的是"度"，教育内卷最怕的是让重复的、没效率的行为占满了孩子的课外时间。要解决这个问题需要一定的时间，更需要全社会的共同努力，让教育更加开放、更加多元，让家长可以有选择，学校努力用有意义的负担去替代无意义的重复考试和作业，用有质量的教育挤掉低质量的教育，用高素质的教师提高教育教学质量，让孩子们喜欢学校、喜欢老师、喜欢学习，才有可能破解教育内卷。

CHAPTER 3

市场不是万能的，但没有市场万万不能

为什么市场经济再好，也有无能为力的时候？完全竞争和垄断竞争有什么区别？为什么有些商品的价格越高，购买的人越多？商家大力推广打折活动，还有多少利润可赚？超市里为何总是储备着刚好足够的货物？面对这些常见现象和百思不得其解的问题，我们有必要了解一下市场经济学。

01 | 稀缺性：
没有稀缺性，就没有经济学

《晏子春秋》里记载了一个"二桃杀三士"的故事。

春秋时期，齐景公手下有三名得力的大将，分别是公孙接、田开疆和古冶子，他们都曾为齐景公立下过赫赫战功。这三个人自恃勇猛，连齐景公也不放在眼里。晏子向齐景公进言，建议把这三个人铲除，避免留下祸患。齐景公也正有此意，只是这三人十分勇猛，又立下过汗马功劳，让他不知如何是好。

晏子说，这三人虽都是骁勇善战的斗士，但他们不讲究长幼礼节，正可以利用这一点除掉他们。他请齐景公赐给他们三人两个桃子，要求他们按战功大小分食。拿到桃子后，三员大将一个接一个地吹嘘起自己的赫赫战功，均认为自己应该独自享用一个桃子，便争先恐后地拿起了桃子。在最后一个人说完自己的功劳后，已先夺得桃子的两人羞愧于自己的贪婪和不知谦虚，将桃子放下后刎颈自尽了。最后说完的人，见同伴因自己的话而死，也羞愧难当，紧接着刎颈自杀了。

看到故事的结尾，不少人会觉得难以理解：看到同伴自杀，自己就要自杀吗？不要忽略大环境对人的影响，春秋时代的人很重视义气，在那样的社会意识之下，见到同伴因自己自杀，继而羞愧得无地自容，并以自杀了断，也在情理之中。我们在这里着重想说的是晏子所用的计策：为什么两个桃子能杀死三个将士呢？

实际上，晏子利用的是经济学上的稀缺性。换句话说，杀死三个将士的不是桃子，而是稀缺性！稀缺性导致三人展开了争夺，最后导致他们自杀身亡。

所谓"稀缺性"，代表着两种不同的含义，一是稀有，二是紧缺。在经济学中，稀缺被用来描述相对于人们无穷的欲望而言，资源总是有限的。**相对于欲望的无限性，资源的有限性引起了竞争与合作。竞争的本质，就是争夺对稀有资源的控制，合作就是与其他人共同利用稀缺资源，一起工作，以达到共同的目的。**合作是为了以有限的资源生产出更多的产品，这也是解决资源稀缺性的途径之一。

资源的稀缺性是人类社会永恒的话题，经济学产生于稀缺性的存在，正因为资源是稀缺的，才需要经济学研究怎样最合理有效地进行资源配置，让人类的福利达到最大化。当一个商品变得稀缺的时候，它就开始变得昂贵，比如黄金，正因为是稀有金属，所以价格较高。

经济学中的稀缺性，能够解释生活中的很多现象：机票在节假日时很少打折，却依然一票难求；一张奥运会开幕式的门票在奥运会开始前，竟然能卖出20万的天价，这些都是因为稀缺。因为稀缺，所以才产生需求；因为需求，才拉动经济增长；因为稀缺，我们才会竞争，才要每天不断精进自我，以适应这个快速变化的时代。

与此同时，稀缺性也带给我们另一个重要的启示：**资源永远是有限的，而欲望却是无限的，在任何一个节点上，资源的供给与人们的需要都是矛盾的。**所以，我们要保持一个良好的心态，在稀缺的资源约束下，选择做正确的事，并学会正确地做事。

02 商品：
当免费的空气被制成"罐头"

我们活在世上的每一刻都要呼吸，所幸大自然馈赠的空气是免费的。然而，有一位日本商人，利用现代技术将山谷和草地上的清新空气制成了"空气罐头"，向久居闹市、饱受空气污染的市民出售。这是一件有意思的事：空气明明是免费的物品，为何制成了"空气罐头"就可以进行买卖了呢？商品这个东西，究竟是怎么定义的呢？

所谓商品，就是用于交换的劳动产品。

这句话包含两层意思。其一，商品必须是劳动产品，如果不是劳动产品，就无法成为商品。空气是人类生活必需的东西，但它自然而然地存在于世界中，不是劳动产品，所以不能够叫作商品。其二，商品必须用于交换，如果不是用于交换的，即便是劳动产品，也不能称之为商品。最简单的例子，古代传统的男耕女织的家庭生产，自己种粮食自己织布，虽然都产出劳动产品，但只供家庭成员自己使用，没有用来和其他人交换，所以也不是商品。

商品不是人类出现时就有的，而是人类发展到一定历史阶段的产物。

商品的产生，需要具备两大条件：其一，社会分工；其二，所有权不同。

社会分工是商品产生的基础。有了社会分工以后，每一个劳动者只能从事某些局部的、单方面的劳动，只能生产某些或某种单一的产品。可是，人们的需求是多样的，为了满足不同的需求，生产者就要用自己生产的产品去交换自己不生产却又需要的产品。这种商品生产和商品交换，就构成了商品经济。

所有权不同是商品得以存在的前提。由于生产资料和劳动产品属于不同的所有者，所以才会出现交换的行为。在私有制条件下，产品交换的双方都是独立的利益主体，成为经济利益的对立面，这就决定了双方的交换必须是等价的，要遵从商品经济中的等价交换原则。正因为此，生产者的生产过程，就变成了以直接交换为目的的商品生产过程。

综上所述，商品既是社会分工的产物，也是私有制的产物。

经济学与生活

03 | 使用价值：
所有商品都具备的属性

  宋国有一个人善于配制防止手裂的药，但他家并不是做药铺生意的，而是世代从事漂洗纱絮的工作。后来，有一位南方的客人听说了这件事，就提出愿意用百方金子买他家的药方。这家人坐在一起商议，纷纷表示："家里世世代代做漂洗纱絮的生意，一年下来也就挣个几方金子。现在，只要卖出防止裂手的药方，就可以得到百方金子，为什么不做呢？"

  就这样，他们把药方卖给了那位南方的客人。之后，那位客人将这个药方献给了吴国的国王。当吴国与越国开展水战时，这个药方发挥了巨大的效用，将士们因为手上涂抹了这种药膏，手部皮肤没有被冻裂。反观越国的将士们，皮裂手肿，难以使用兵器，结果被吴军打得落荒而逃，最后向吴国献地乞降。

  商品的使用价值，是指可以满足人们某种需要的属性。使用价值是所有商品都具有的共同属性之一，任何物品想要成为商品，就必须具有可供人类使用的价值。 只不过，同样一件商品，同样的使用价值，对不同人而言有不同的意义，也有不同的使用领域，最终获得的结果也不尽相同。

  宋国发明防裂手药方的人用来漂洗纱絮，买下药方的商人将其献给吴王，而吴王又将其用来拓展疆域。这就提示我们：同一事物往往包含着多种使用价值，同一使用价值也可以借助多种不同的事物来呈现。同一事物对于不同的使用者所表现出的使用价值不同，且对于同一使用者而言，在不同的使用时间、不同的环境之下，也可以表现出不同的使用价值。

04 货币：狗牙也能作为聘礼吗？

提到货币，我们并不会感到陌生，无论是古代的铜钱、银子，还是现代的人民币、美元、欧元，都是货币的不同形式。但我们鲜少知道的是，货币的形式远不止这些，比如美拉尼西亚群岛的居民有养狗的习惯，他们会以狗牙作为货币，一颗狗牙大概能买到一百个椰子，几百颗狗牙可以作为迎娶新娘的礼金！

为什么狗牙也可以成为货币呢？从经济学角度解释，**任何一种可以执行交换媒介、价值尺度、延期支付标准和完全流动的财富储藏手段等功能的商品，都可以被视为货币。**

最原始的货币，产生于物物交换的时代。在那个时代，人们都是以物换物，交换自己需要的东西，比如用一袋粮食换取一把石斧。有时，受到用于交换的物资种类的限制，人们不得不找寻一种交换双方都能够接受的物品，比如一头牛换一把石斧、一把石斧换一袋粮食，这里的石斧就充当了货币的角色，发挥着货币的功能。

随着时间的推移和时代的进步，作为货币使用的物品逐渐被金属取代。之所以选择用金属货币，原因在于它需要人工制作，无法从自然界大量地获得，而且容易存储。数量稀少的金、银逐渐成为主要的金属货币。古希腊、

罗马和波斯的人们把金银切割成大小不同的薄片,在上面刻制印标,准确地标出每一片的重量。人们在交易的时候,看一下金属上面的标志,就能够获悉它的价值。

当经济得到了进一步发展,人们开始感觉到金属货币的不便,首先是重量和体积的缘故,不太方便携带,且在使用过程中也容易磨损。据不完全统计,自从人们使用黄金作为货币以来,有超过2万吨黄金在铸币厂里或在人们的手里、钱袋中磨损掉。为了解决这一问题,人们又发明了纸币,用其替代金属货币。

货币是价值和社会财富的一般代表，谁拥有的货币多，谁拥有的财富和商品就多。在货币的协助下，人们不但可以进行交易，还能够比过去更容易变得富裕。

经济学与生活

05 | 需求与供给：
为什么中国人不买英国洋布？

1840年，鸦片战争爆发，英国用武力撬开了中国的大门。

英国商人们沾沾自喜，以为这样就可以打开中国的广阔市场。当时，英国棉纺织业中心曼彻斯特的商人估计，中国有4亿人口，如果有1亿人晚上戴睡帽，每人每年用两顶，整个曼彻斯特的棉纺厂日夜加班都忙不过来呢！更何况，这还不包括衣服。于是，英国商人们把大量的洋布运到中国，希冀着发一笔大财。

然而，这一切只是预想，现实结果让他们大失所望。中国当时处于自给自足的封建经济，也形成了保守、封闭甚至排外的社会习俗。鸦片战争确实打开了中国的大门，可中国人的消费习惯却没有改变。当时，上层人士会穿丝绸，可普通老百姓都穿自家织的土布，晚上睡觉更不会戴睡帽。所以，英国的洋布在中国根本卖不出去！

经济学家萨缪尔森曾说："学习经济学是再简单不过的事了，你只需掌握两件事，一个叫供给，一个叫需求。"英国的洋布之所以打不开中国的市场，就是因为只有供给没有需求，导致了供求失衡。那么，到底何谓需求，何谓供给呢？两者之间又存在怎样的关系呢？

需求，是指消费者在一定时期内，在各种可能的价格下，愿意并能够购买的商品的数量。如果消费者对某种商品存在购买的欲望，但没有购买的能力，也不能认定为需求。

供给，是指生产者在一定时期内，在各种可能的价格下，愿意并能够出售该商品的数量。如果生产者对某种商品只有提供出售的欲望，而没有提供出售的能力，也不能认定为供给。

在市场上，不是生产者随意生产一种货物都可以卖出去，必须有人对某种商品存在需求，生产者依据其需求来生产商品，此时需求和供给相互符合，市场均衡才能决定商品的价格和生产数量。

供求机制是市场机制的主体，供求与生产、交换、分配、消费等各个环节都有关系，是生产者与消费者关系的反映和表现。供求运动是市场矛盾运动的核心，价格、竞争、货币流动等因素的变化，都是围绕供求运动进行的。供求机制对社会经济的运行和发展有重要影响，它可以调节商品的价格，调节商品的生产与消费的方向和规模，其结构的变化也能够调节生产结构与消费结构的变化。

具体来说，供求机制的作用体现在以下四个方面。

第一，调节总量平衡。当商品供不应求时，价格会上涨，可以吸收更多的资金；当供过于求时，部分商品的价值无法实现，会导致滞销企业压缩生产规模或停止生产。

第二，调节时间平衡。供求机制可以促使一些劳动者从事跨季节、跨时令的生产经营活动，在一定程度上满足市场需求，缓解供求矛盾。

第三，调节结构平衡。供求机制通过市场让生产资料和劳动力在不同部门之间合理转移，导致经济结构平衡运动。

第四，调节地区平衡。供求机制可以促使统一大市场的各个地区调剂余缺、互通有无，实现总量平衡与结构平衡。

市场均衡是供给与需求相一致的结果，它对我们的实际生活有重要的意义和价值：只要有市场存在，供不应求就会涨价，供过于求就会降价，我们永远都有选择，可以用合理的价钱买到需要的东西。

06 均衡价格：
为什么粗粮卖得比细粮贵？

在经济困难时期，若是能吃上一锅白馒头、一碗白米饭，会让人激动得落泪。然而，从十几年前开始，细心的人可能发现了，粗粮的价格慢慢超过了细粮。就拿玉米来说，2007年陕西宝鸡地区玉米的工业收购价格是1.66元/千克，同时期每千克小麦的市场价格仅为1.44元。为什么过去让人"吃腻"的粗粮，而今变得越来越值钱了呢？

这就涉及经济学中的"均衡价格"问题。所谓均衡价格，是商品的供给价格与需求价格相等时的价格。如果市场价格高于均衡价格，市场上就会出现超额供给，超额供给会使市场价格趋于下降；反之，如果市场价格低于均衡价格，市场上就会出现超额需求，超额需求使得市场价格趋于上升直至均衡价格。

当粗粮玉米的价格变得比小麦还要贵时，就说明它们之间的供求关系发生了变化。市场规律是由供求关系决定的：供过于求，价格下降；供不应求，价格上涨。可能有人会问：难道供求关系会一直这样往复循环吗？没有一个平衡点吗？

均衡价格的形成，就是价格决定的过程，是通过市场供求的自发调节形成的。 市场的供给围绕均衡价格上下震荡调节，让市场的无规律性自动调节呈现规律性，这也是为什么亚当·斯密说"看不见的手"在强迫着价格均衡。

西方经济学认为，价格机制在市场经济中对资源配置发挥着重要的作用。

市场通过价格调节来协调整个经济中各个经济主体的决策，让消费者的购买量与生产者的产量之间保持平衡。在市场经济中，有关资源配置的问题都由市场价格机制决定，如要生产什么？怎样生产？为谁生产？

由市场的供求均衡形成的均衡价格，可以有效地引导社会资源进行有效配置，实现最优状态。在这种状态下，生产者利润最大化的产品产量组合，刚好与消费者效用最大化的产品消费量组合达成一致，继而使社会福利最大化。

07 | 利润最大化：
没有利润就没有活路

说到"利润"二字，几乎没有人不喜欢它，且人人都希望口袋里的钱可以多一点。作为市场主体的企业，更是不敢违背利润这一目标，因为没有利润就没有活路。

许多人想当然地认为，企业的利润肯定是越多越好，真是这样吗？要知道，企业的利润来自其自身的生产或销售，但市场中一个企业的生产和销售始终处于变化中，利润也会随之改变。所以，企业要判断的是自己的经营在什么样的状态下，可以取得利润的最大值。换句话说，在衡量如何实现利润最大化时，要有一个客观的标准。

这个标准是什么呢？经济学家们给出的答案是：边际收益＝边际成本。

边际收益，是指每多卖出一单位产品所增加的收入；边际成本，是每生产一单位产品所增加的工人工资、原材料、燃料等变动成本。边际成本通常会随着企业的生产发生变化。那些实现了利润最大化的企业，无论是有心还是无意，必然都遵循了这一规律。

就企业而言，成本费用对于盈利程度的影响至关重要。**获得同样的收益时，付出的成本越多，盈利就会随之减少**。在追逐利润的过程中，许多企业采取了降低成本的策略，这的确是一种方式，但前提是要正确运作，而不是偷工减料、铤而走险。否则的话，就等于搬起石头砸自己的脚。

那么，如何做才能获得最大利润呢？

第一，关注稀缺性。从经济学角度来说，稀缺性是一个很好的手段，所有经济活动的基本问题都产生于稀缺性，利润最大化就是稀缺性的直接结果。让稀缺资源得到最好的使用，与力求实现最大可能的利润，其实是同一件事。

第二，重视中间环节。要获得利润最大化，必须重视产品从经营到销售的中间环节。以生活中的一个常见现象为例：大城市里的蔬菜价格与农村收购的价格相差很多，许多人认为是中间环节加价太多导致。其实不然，真实的情况是，从事中间环节的人太少，稀缺导致了高价！蔬菜批发商赚到了更多的钱，实现了利润最大化，可那些在城市里卖菜的人，所赚的利润并不多。有些小商贩认为，中间商赚的利润太大，要限制他们的人数，可真的这样做了，却会适得其反。只有流通环节展开了充分的竞争，费用才可能下降。

对现代企业来说，不能一味地关注虚空的经营理念，而是要切实地关注如何在合法的条件下，实现利润的最大化，这是持续经营的根基。

08 完全竞争：理想的市场竞争状态

牛顿第一定律告诉我们：物体在不受任何外力作用的情况下，总会保持匀速直线运动状态或静止状态。不过，这个实验是无法在现实中进行的，因为没有办法彻底消除摩擦力。在经济学中，也存在这样一个理论假定，即完全竞争。

所谓完全竞争，也称为纯粹竞争，是指一种购买者与销售者的买卖行为对市场价格没有任何影响的市场结构。 概括来说，它具有以下四方面的特点。

特点1：市场上有许多经济主体，这些经济主体数量众多，且每一个主体规模较小，任何一个人都无法通过买卖行为来影响市场上的供求关系，也无法影响市场价格，每个人都是市场价格的被动接受者。

特点2：产品是同质的，任何一个生产者的产品都是无差别的。

特点3：市场资源是完全自由流通的，劳动可以无障碍地在不同地区、不同部门、不同行业、不同企业之间流动，且任何一个生产要素的所有者都不能垄断要素的投入。新资本可以自由地进入，老资本可以自由地退出。

特点4：所有人都掌握着关于市场的全部信息。

看完上述的四个特点，相信大家已经明晰，这完全是一种理想化的状态，现实中找不到这样的市场。不过，现实中是否存在真正意义上的完全竞争市场并不重要，重要的是在假设的完全竞争条件之下，市场机制如何调节经济。完全竞争性是经济学家分析市场的起点，只有从具体事物中进行抽象分析，才能够了解事物变化的一般规律。过于具体的话，反倒不利于揭示复杂现象的内在本质。这，恰恰就是完全竞争的理论价值。

从经济学角度看，没有竞争是不可能的。即便是垄断或专利，也不过是压制了某种竞争，增加了另外一种竞争。即便是在没有市场的社会中，竞争也从未消失，只是形式多样而已。对于竞争这件事，我们需要正确看待：没有对手并非理想的状态，强大的竞争对手是增强一个企业或个人斗志和精力的源泉；在没有竞争的环境下，人很容易丧失斗志和进取心。所以，不必用敌意的目光看待对手，也不必用胆怯的目光回避对手，勇于挑战、虚心学习，才能取其所长，让对手的经验为己所用，使自己获得更加长远的发展。

09 | 完全垄断：
垄断者可以任意定价商品吗？

有位青年到某小镇出差，一路舟车劳顿，到了目的地后，他赶紧找了一家浴池，想洗个热水澡放松一下。没想到，这家浴池的费用很贵，且排队的人也很多，要先交20元钱才能领号，否则的话，没有排号资格。

好不容易轮到了青年，他刚走到浴室门口，服务生又要求他交15元钱的喷头初装费。青年觉得莫名其妙，可又懒得争辩，就交了钱。刚准备进去，没想到又被服务生拦住，声称这里洗澡是按照时长收费的，半小时5元钱……听到这里，青年非常生气，说："早知道这么麻烦，我就不在这洗了。"

服务生听完后，一脸淡然地说："先生，没有办法，洗澡业在这个镇上属于垄断经营，幸亏您没泡澡，不然的话，还得加收'漫游费'呢！"

无论这个小笑话的真实性有多少，我们需要留意的只是服务生提到的一个经济学名词：垄断。**所谓垄断，通俗解释就是"唯一的卖家"，完全垄断市场是一种与完全竞争市场相对立的极端形式的市场类型，也称为纯粹垄断市场。**

从理论上讲，完全垄断必须同时满足三个条件：其一，在完全垄断市场上，只有一个生产者，其产量就是整个行业的产量或供给量；其二，该生产者提供的产品，不存在相近的替代品；其三，进入该市场存在障碍。在现实中，真正满足这三方面条件的市场，几乎是不存在的。毕竟，人们总会找到各种不同的替代品。

通常来说，垄断市场的形成主要有以下三方面原因。

第一，自然垄断。

有些行业因为客观技术条件的限制，需要进行大规模固定资本设备投资，实现大规模生产经营，获得规模经济效应，降低生产成本、提升盈利。但是，这种高效率的生产规模对整个市场而言太过庞大，以至于只需要一家厂商的生产就能满足整个市场的需求。这种因为市场需求和社会化大生产技术等非人为因素造成的垄断，就叫作自然垄断。

第二，原材料控制。

如果一个生产者控制了生产某种产品所必需的基本原材料的供给，而且这种原材料没有相近的替代品，这个生产者实际上就控制了使用该原材料的产品的供给，继而形成垄断。

第三，技术专利权。

所谓专利权，就是政府授予某个生产者或个人独自使用自己发明创造的生产某产品的技术，或享受相应经济利益的权利。当一个生产者拥有了某项产品或技术发明专利，通常会受到法律保护，其他生产者就不能生产该产品或使用该项技术，于是这种技术就导致了产品市场的垄断。

当整个行业中"只此一家"时,这个生产者就会成为价格的决定者,而不必被价格左右。完全垄断市场上的商品价格,远远高于完全竞争市场上的商品价格,为此垄断企业也会获得超过正常利润的垄断利润。更重要的是,如果其他生产者无法加入该行业进行竞争,这种垄断利润就会长期存在。

当然了,**垄断企业也不可以随意地抬高价格,因为任何商品都有其替代品**。这就好比,当人用不起电池供电的灯时,可能会选择点蜡烛。所以,过高的价格可能会抑制一部分人的消费,导致需求量下降,企业也就无法实现最大利润。有些时候,垄断企业面对需求状况的变化,以及不同的消费群体,也会制订出有区别的价格:对于需求价格弹性小的商品,采用高价策略;对于需求价格弹性大的商品,采用低价策略。

10 寡头市场：为什么雷克航空会破产？

寡头市场是经济学中的一个名词，指的是少数几家厂商垄断了某一行业的市场，控制了这一行业的供给。在这种市场上，几家厂商的产量在该行业中的总供给占据了很大的比例，每家厂商的产量都占有相当大的份额，且每家厂商的决策都会对整个行业以及其他企业造成重大的影响。与此同时，这几家厂商之间又存在着不同形式的竞争。

1977年，英国人弗雷迪·雷克进军航空运输市场，创建了雷克航空公司。他采取了低价策略，当时从伦敦飞往纽约的航班，最低票价是382美元，而他直接把这个价格拉低到135美元。超低的价格自然赢得了消费者的青睐，雷克公司也实现了"开门红"。到了1981年，该公司的年营业额已经达到5亿美元，这一成长速度令人惊叹。然而，仅在一年之后，雷克公司却宣布破产，彻底退出了市场。

这是怎么回事呢？原来，泛美、英航、环球等雷克航空的竞争对手公司，针对雷克公司展开了一系列的联合行动，他们大幅降低票价，甚至比雷克的价格还要低。当雷克消失后，他们的票价又提升到原来的水平。不仅如此，这些公司还达成协议，运用各自的影响力阻止各大金融机构向雷克公司贷款，让其难以筹措资金进行抗争，这也加速了雷克公司的破产。

借助这个案例，我们不难看出：泛美、英航、环球等几家航空公司，就是航空运输市场中的"寡头"，他们针对雷克采取的一系列措施，无疑也在昭示着一个信息：任何人企图加入跨越大西洋的航空市场，都要想到自己可能会面临破产的厄运。

之所以会出现寡头市场，是因为某些产品的生产必须在相当大的生产规模下进行，才能够收到较好的经济效益；或是行业中几家企业控制了生产所需要的基本资源的供给，或是获得了政府的扶持，等等。在成因方面，它和垄断市场有很大的相似之处，只是程度略有不同而已，是一种接近垄断市场的市场组织。

寡头市场既有优势，也有不足。长期以来，寡头市场的市场价格高于边际成本，企业利润有稳定可靠的保障，但由于缺少竞争者，使寡头企业在生产经营上积极性不足，导致其效率降低。只不过，寡头企业规模较大，方便大量地使用先进技术，这也是其效率较高的一面。所以，不少国家在尝试"扬长避短"，尽量让寡头市场发挥高效的一面，又制定相应政策遏制其低效的一面，有效地保护与寡头企业密切相关的其他中小企业的权利，打击垄断，促进寡头市场的竞争。

11 市场失灵：
市场经济是无所不能的吗？

20世纪初的一天，一辆列车在英格兰的大地上飞驰。车上坐着英国著名经济学家庇古，他一边欣赏着窗外的风景，一边对同伴说："列车在田间经过，机车喷出的火花飞到麦穗上，给农民造成了损失，但铁路公司不用向农民赔偿。"

时隔70年后，相似的一幕重演了。那是1971年，美国经济学家乔治·斯蒂格勒与阿尔钦同游日本。他们在高速列车上看到了窗外的禾苗，想起了庇古当年的感慨。于是，他们询问列车员：铁路附近的农田有没有因为列车而遭受损害，导致减产？列车员说，情况刚好相反，飞速奔驰的列车把吃稻谷的鸟都吓跑了，农民们受益不少。可是，铁路公司不能因此向农民们收取"赶鸟费"。

上述的两个经济学故事，都是在阐述同一个现象：市场经济不是无所不能

的，它也有无能为力的时候，这种情况被称为"市场失灵"。从定义上讲，**市场失灵是指市场无法有效率地分配商品与劳务的情况**。导致市场失灵的原因，主要有以下四种。

·垄断

在资源配置的稀缺性和规模收益递增的作用下，市场往往由一个或几个厂商垄断。在这种状况下，垄断企业利用其市场控制力，制订与均衡价格相背离的价格，来获得更多的超额利润。由于垄断导致了较高的价格和较低的产量，使得消费者剩余减少而生产者剩余增加，资源的配置很难实现帕累托最优的状态。

·公共物品

公共物品是指在使用上有非竞争性和非排他性的物品。

所谓非竞争性，是指一个人使用某件物品并不妨碍其他人同时使用这件物品；所谓非排他性，是指技术上无法将不为之付费的人排除在该物品的受益范围之外。在现实经济中，公共物品是广泛存在的，因为它具有非竞争性和非排他性的特点，消费者们都想无偿使用这些物品，就出现了"搭便车"的现象，即不支付成本但可以获得利益的行为。

物品的供给者，无法收回其成本，就会丧失供给产品的用心性，从而导致生产萎缩。这些特点使边际私人成本与边际社会成本、边际私人收益与边际社会收益偏离，继而导致市场失灵，让市场无法有效率地配置公共物品。

·外部效应

外部效应，是指个体的经济活动或行为给社会其他成员造成影响，而又不承担这些影响所带来的成本或利益。外部效应在现实经济中广泛存在，由于外部性会导致资源配置缺乏效率，因而市场参与者和公共部门会以各种方式对外部性进行治理，从而让资源配置趋向于社会要求的最优水平。

·信息不对称

在现实经济中，完全竞争市场几乎不存在，完全信息透明的状况也不存在，更常见的是信息不完全透明，以及由此导致的信息不对称的局面。掌握信息多的一方被称为信息优势方，掌握信息少的一方被称为信息劣势方。

在信息完全对称的情况下，市场机制可以实现资源的最优配置，但在信息不对称的情况下，市场机制就无法充分发挥作用。比如：消费者以高价买到劣质产品；生产者生产出市场不需要的产品。在这种情况之下导致的均衡结果，对社会而言是一种无效率的状况。

面对市场失灵的现象，我们不能以回避的态度对待，而是要对市场失灵进行客观的分析，看看哪些是市场经济要素尚未发展完备导致的？哪些是必须政府介入和保障的？只有深入地认识问题，才能做到对症下药；只有不断健全市场，对于市场确实无能为力之处，坚决由政府干预和保障，才能够避免市场失灵的出现。

12 蛛网理论：
涨价与降价的循环摆动

老张是一位农民，家里种了大量的白菜。某年冬天，老张的白菜丰收了，可惜白菜的收购价格低得离谱，只有1分钱一斤。老张欲哭无泪，地里随处可见烂掉的大白菜，很多牧民开始用白菜喂养牛羊。那一年，可谓创下了白菜价格的最低纪录，很多农民都不想再种白菜。

到了第二年，由于白菜的产量减少，其价格开始突飞猛涨。见此情景，老张又开始大量地种植白菜。结果呢？白菜的价格又开始走下坡路了！老张责备自己运气不好，赶上白菜收成好的时候，总是赚不到钱！

这个困扰老张的问题，到了经济学家这里，用四个字就能够解释：蛛网理论。

蛛网理论是一种动态均衡分析，它运用弹性理论来考察价格波动对下个周期产量的影响，以及由此产生的均衡变动。就老张种白菜这件事来说，前一年白菜丰收，供给太多，价格暴跌，农民不赚钱；第二年由于该产品产量下降，又开始涨价，吸引农民再次大批量种植。以此类推，该产品永远都在这种涨价与降价的循环中摆动，就像一张蛛网。

实际上，这种现象是由于农业生产具有周期性。由于农产品储存时间比较短，农民在进行市场交易时不占优势，许多消费者认为农民不赶紧卖的话，农产品就会坏掉，抓住了农民急于交易的心理，继而不断地压低价格。如果是在供给量相对过剩的情况下，农民实现交易的需求会更加迫切，价格也就被压得更低。

对老张这样的农民来说，有什么办法能摆脱这种被动的不利局面吗？

我们可以从西方农民走出"蛛网"的方法中，获得一些有用的启发和借鉴：美国种植柑橘的农民曾经遭遇过和老张一样的经历，为了摆脱这一困境，有人组建了一个农民与市场之间的中介组织，叫作新奇士协会。这个协会不同于过去的农业生产合作社，它是农民自己组建的销售组织，果农把柑橘卖给协会，再由协会去面对市场。

新奇士协会控制了供给，在市场上也有发言权。当供大于求时，协会可以控制供给和价格，以此减少农民的损失。同时，它也为农民提供了有用的信息和技术，帮助农民做一些他们无法做到的事情，如将柑橘注册商标，组织产品出口，对产品进行加工、储藏、宣传，等等，不再让农民单独面对市场。

总而言之，想让农民走出蛛网理论的局限，不能单纯依靠农民自己的力量，因为他们不具备做出较为正确的市场预测的能力，也无法在某种程度上控制市场、承担市场风险。在市场经济这片汪洋大海中，农民们就像一叶扁舟，总需要有额外的力量辅佐。我国的市场化程度与社会经济制度不同于欧美国家，所以组织的中介机构所采用的形式和发挥的作用也不会完全一样，但这不失为一个有效的解决办法，还是有借鉴意义的。

CHAPTER 4

吃透消费的秘密，让钱花得更有价值

在购物消费时，多数人都觉得自己是理性的，比如趁着打折囤积物品，为质地好的东西支付更多的金钱。可在经济学家看来，这些决策并不总是英明的，他们认为"人的理性是有限的"，即人们在做决策时，往往不是去计算一个物品的真正价值，而是用某种比较容易评价的线索来进行判断。为此，很多商家就利用了人们的这一心理，给商品制造出了"看起来很划算"的视觉效果。所以，想成为一个明明白白的消费者，就要学会看穿表象背后的经济学真相。

经济学与生活

01 | 消费者剩余：
为什么商家会让价促销？

街角新开了一家"杂物铺"，陈列着各种新鲜有趣的小物件。

女孩看上了一套精美的茶具，一看标价是149元，觉得有点贵，就问老板能不能便宜一些。老板见女孩很喜欢这套茶杯，说："已经是最低价了，这是一套礼盒装的。"女孩犹豫了，说："要是110元，我还能接受。"老板笑了说："那我可就赔钱了，这套杯子130元，不能再低了。"女孩又跟老板进行了一番讨价还价，最后这套杯子以110元的价格成交。

女孩带着这套精美的杯子回家了，看着她远去的背影，店老板也很开心。毕竟，这是今天的第一单生意，且这套杯子的进价只有50元，他妥妥地赚了60元。之所以给女孩留出讨价还价的余地，大方地"让"了39元，也只是想让女孩在心理上获得一点儿满足和安慰。

马歇尔在《经济学原理》中，提出过一个"消费者剩余"的概念："一个人对一物所付的价格，绝不会超过，而且也很少达到他宁愿支付而不愿得不到此物的价格。"

人们都希望以一个期望的价格购买某种商品，如果在消费时实际花费的金钱少于预期，人们就会从购物中获得满足；如果商品的价格高于预期，人们就会放弃购买行为，同时也会产生一种满足：虽然我没有得到这件商品，但我也没有失去金钱。两者相比，显然是前者带来的满足感更大，这就是所谓的消费者剩余。

了解了消费者剩余这一概念，我们也就不难理解，为什么商家会大力让价促销。实际上，就是想带给顾客一点心理上的满足，而不是要送给顾客多少便宜，因为消费者剩余不会给顾客带来任何实际的收益。

商家在定价时，都是在成本之上加一定的利润后，再出售给消费者。当你在商店看到某件物品，并产生强烈的购买欲望时，商家就会考虑以高价卖给你，从而赚取更多的消费者剩余。所以，即便真的看上了某件物品，也别表现得太明显，适当地"冷淡"一点，商家会以为你不想买，就不会过多地提高价格。这样，你就能给自己的口袋多"留"一点钱了。

02 奢侈品：
当我们买奢侈品时，买的到底是什么？

上班族莉莉月收入8000元，她攒了两个月的工资，买了一个1万多元的包。她说，公司里的女同事眼睛都很"毒"，见面第一眼就看你穿什么鞋子、背什么包。和套装比起来，包每天都要背，背上几年也不过时，虽然她两个月没买衣服，天天吃简餐，但还是觉得入手这样一个奢侈品牌的包包是划算的。

所谓奢侈品，就是指价值与品质的关系比值最高的产品，实际上是一种高档消费行为，本身没有褒贬之分。国际上对奢侈品的定义是：奢侈品是一种超出人们生存与发展需要范围的，具有独特、稀缺、珍奇等特点的消费品，也被称为非生活必需品。

就其本质而言，奢侈品是无形价值与有形价值比值最大化的商品，而奢侈消费则是对商品无形价值的消费。换句话说，奢侈品的前提是高档知名品牌，

如果只是一件高档商品，那不一定会被认为是奢侈品。

不少人热衷于奢侈品，就像年轻白领莉莉，哪怕月收入只有8000元，省吃俭用也要去买一款奢侈品的背包。为什么奢侈品牌对人们的引诱作用如此之大呢？这是因为奢侈品具有以下四个明显的特点。

· 从外观到品质有看得见的高级感

奢侈品牌所提供的产品，从外观到品质都必须是"最高级的"，且这种高级感是要看得见的。正因为它显而易见，才能为拥有者带来荣耀。所以，奢侈品必须提供可见价值，让人一眼看上去就感觉好。要知道，购买奢侈品的人并不是在追求实用价值，他们更多的是在追求"最好"的感觉。

· 身份地位与富贵豪华的象征

奢侈品一词起源于拉丁文中的"光"，意思是闪亮的、令人享受的。从社会学的角度来说，奢侈品是贵族阶层的物品，象征着富贵、奢华、身份和地位。

· 维护目标顾客的优越感

奢侈品在市场定位上，就是为少数"富贵人"服务的。所以，为了维护目标顾客的优越感，奢侈品会不断地设置消费壁垒，拒大众消费者于千里之外，让他们与目标顾客产生距离感。毕竟，不是人人都可以拥有的，才更显特别。

· 创造个性化的境界

奢侈品牌往往以己为荣，不断标榜个性化，创造自己的最高境界。正是商品的个性化为人们的购买制造了理由；正因为它不流俗，才更突显其尊贵的价值。

尽管奢侈品具有这些傲人的特点，但从经济学的角度来看，它就是让人们为其功能以外的符号而付出更多金钱的商品，因此奢侈消费也被称为炫耀性消费。如果经济条件优渥，购买奢侈品无可厚非，怕的就是为了彰显"面子"，进行与自身经济实力不相称的消费，导致生活质量严重下降，甚至负债累累，这就得不偿失了。毕竟，奢侈品垫起来的只有心理高度，而钱却要从自己的口袋里出，奢侈过后的日子还得自己去体味。

03 消费心理：
咖啡免费续杯是"福利"吗？

午餐时间到了，豆豆和朋友想去吃西餐。刚好，楼下有两家西餐厅，装修风格很相似，价格也差不太多，唯一不同的是，A餐厅的招牌上标示着：咖啡免费续杯。相比之下，B餐厅没有这样的服务。于是，豆豆和朋友果断选择了A餐厅。

那么，免费提供咖啡续杯服务的A餐厅，真的是要给消费者更多的"福利"吗？

当然不是！**每家企业都希望能够持续经营，但它用不着对每一件货品都索取高于其成本的费用。**如果它能够让总收入等于或超过所卖货品的总成本，比如牛排、沙拉、甜品等已经包含了足够的利润率，也就不在乎提供咖啡免费续杯的服务了。

况且，这样的做法可以为餐厅带来更多的顾客，增加餐厅的营业额。随着就餐顾客人数的增长，为顾客提供服务的平均成本就会降低，餐厅的利润也就增加了。更重要的是，当顾客体验到咖啡免费续杯的服务后，还会进行口碑传播，吸引更多的顾客。

经过这样一番分析，大家可能就知道了，商家在做生意时都会利用消费心理，借助自身产品或服务等某一方面的创新来推动消费。**所谓消费心理，就是指消费者在进行消费活动时所表现出的心理活动过程。**这个过程是动态的，消费者的个人客观情况不同，会表现出不同的消费特征与心理过程。

消费者的消费特征主要包括以下几方面：消费兴趣、消费习惯、价值观、性格、气质等。消费者的心理过程是消费者心理特征的动态化表现，包括产生需要、形成动机、搜集商品信息、做好购买准备、选择商品、使用商品、对商品信用的评价与反馈。另外，消费者的消费心理会受到消费环境、购物场所等多方面因素的影响，而广告就是其中最具影响力的。

互联网时代的经济社会，广告几乎无处不在，想要完全拒绝商品广告的影响，是不太现实的。我们需要多了解一些商品知识，只把广告作参考，而不是轻易被广告诱导消费。

在现实生活中，我们要尽量坚持理性消费的原则，如根据自身的需要购物，根据自身经济情况购物，避免盲目跟风，尽量货比三家。总而言之，我们要在无限的物质需求与有限的收入之间，找到一个平衡点，花合适的钱买自己真正需要的东西。

经济学与生活

04 | 互补品：
两种商品共同满足一种需求

1900年，安德烈与爱德华兄弟两人接管了家族的橡胶生意。他们想把公司的经营重点从传统的橡胶生意转向橡胶产品生产，并推出了一系列自行车轮胎与汽车轮胎产品。尴尬的是，汽车在当时是一种很稀少的交通工具，所以汽车轮胎的销量很低。

为了解决这个问题，两兄弟决定为旅行者出版一本旅行指南，希望以此推动汽车的销量，让越来越多的人喜欢上驾车旅行，并最终带动他们新成立的轮胎业务的发展。这本旅行指南里，涵盖了大量加油站、酒店、餐厅、景点的信息，且配有详尽的地图和旅行提示。这本指南印刷了35000册，免费发放给那些感兴趣的读者。事实证明，他们的这一策略为后来的米其林轮胎打开了巨大的市场。

在经济学中，安德烈与爱德华推出的旅行指南和汽车轮胎，被称为"互补品"，**即两种商品之间存在着某种消费依存关系，一种商品的消费必须和另一种商品的消费相配套。**

通常来说，某种商品的互补品价格上升，互补品的需求量就会下降，从而导致该商品需求量下降。这也意味着，如果增加其中一种产品的供应，或降低一种产品的价格，人们对另外一种产品的需求就会开始上升。

关于互补产品的运作方式，比较常见的有以下四种。

- 捆绑销售

这种方式在商超中很常见，即以单一价格将一组不同类型但是互补的产品进行捆绑销售，且仅仅同时出售这一组产品。这种方式可以创造"1＋1＞2"的双赢局面，合作双方可以充分发挥各自的品牌优势，强强联合，为消费者提供更多的服务。

- 交叉补贴

这种方式是通过有意识地以优惠甚至亏本的价格出售一种产品，从而达到促销互补产品的目的，以实现利润最大化。常见的例子有：复印机与色粉盒，电梯与电梯维护业务等。

- 系统锁定

这种方式是联合互补产品厂商一同锁定客户，把竞争对手挡在门外，最终实现控制行业标准的目的。微软是一个典型的例子，80%~90%的PC软件商是基于微软的操作系统进行软件开发的，如果客户想使用大部分的应用软件，就要购买微软的产品。

- 提供方案

这种方式从客户的实际需求入手，通过降低客户成本（时间、精力、金钱等），增加客户在消费中获得的价值，把一组有互补性的产品组合起来，为客户提供产品套餐，从而吸引客户，增加企业利润。

今后在市场上看到类似的产品销售模式，我们就会知道，这是商家采用的互补产品战略。当然了，作为消费者来说，能花一份产品的价格，享受到多个产品的"强强联合"，也不失为一件好事。

05 替代效应：
为什么艺术品如此昂贵？

多数人在安排生活时会以经济实惠为出发点，最常见的情况就是，菜市场的蒜薹贵了，那就改吃芹菜；如果大米贵了，可以多吃白面；买不起奢侈品，可以买高仿……总之，人们会用相对便宜的商品去替代其他的商品，这种现象在经济学上叫作"替代效应"。

有相近代替品的物品，往往都存在需求弹性，因为消费者从这一物品转向其他物品比较容易。以黄油和人造黄油来说，如果人造黄油的价格不变，而黄油的价格略有上升，那么黄油的销量就会降低。但是，鸡蛋这种食物却不一样，它没有相近的替代品，所以鸡蛋的需求弹性就比黄油要小。

通常来说，越是难以替代的物品，价格越昂贵；产品的技术含量越高，价格也越高。为什么艺术品的价格那么昂贵，且通过拍卖还能达到更高的价格？就是因为找不到替代品。商家们也知道替代效应的微妙，他们不断推陈出新，独具特色，就是为了让自己的产品不可替代，保持绝对的竞争优势。

其实，不只是物品如此，人也是一样的。如果一个人具有了不可替代性，在错综复杂的市场上，总能做到思维超前、新意迭出，必然会成为企业争相猎取的人才。替代效应充斥在生活的每一个细节中，我们要充分认识并学会利用这种效应，做一个聪明的经济人。

06 | 价格歧视：
同样的产品卖出不同的价格

在一家服装店里，张女士看上了一款黑色外套，无论版型还是面料都很好。张女士和店家商议了半天，最后店家给她打了八折，以500元的价格成交。就在张女士离开后，有一个年轻女孩来到了这家店，也看上了这款大衣，只是她相中的是米色。同样是和店家周旋了片刻，最后店家给女孩的价格是450元，比张女士买的价格便宜了50元。

服装店的老板为什么要这样做呢？同样的一款大衣，为什么卖给不同的人，是不同的价格呢？实际上，这就是经济学中的"价格歧视"，**即商品或服务的提供者在向不同的接收者提供相同等级、相同质量的商品或服务时，在接收者之间实行不同的销售价格或收费标准**。之所以这样做，原因很简单，商家想要追求利润最大化。

每一个商家都希望能够以尽可能高的价格出售商品，可现实的问题是，高价格的产品不一定适合所有的顾客，如果严格按照一个价出售，就会造成积压。为了让商品既能够卖出去，又能收获最大的利润，就要按照消费者各自可以接受的水平来定价。商家很清楚，消费者的需求是有弹性的，这个弹性就是指消费者对商品价格的敏感程度，弹性越高，消费者对价格越敏感。所以，对于需求弹性高的消费者，他们收取低价，以防客户流失；对于需求弹性低的消费者，他们收取高价，因为客户对价格不太敏感，需求相对稳定。

经济学与生活

> 面对相同质量的商品，我对若干客户会实行不同的售价。

不过，价格歧视不是可以随便用的，因为消费者的需求弹性存在明显差别，差别定价的商品也是难以转让的。如果消费者以低价买入商品，再以高价卖出，商家的这一定价策略就会暴露。然而，商家很难测定消费者的预期价格，也无法保证消费者之间的转卖行为，更难以对市场进行细分，这些问题的存在，都导致价格歧视的使用遭到限制。

价格歧视并不是一个贬义词，生活中还有很多地方存在这一现象，比如电影院设置儿童半票，公园对老人实行半票，这些都属于按照消费者身份进行的价格歧视。然而，对于这样的政策，我们会感觉很合理，且富有人情味，只不过他们没有采用价格歧视的说法而已。毕竟，"歧视"这个字眼听起来不太顺耳，但无论用词的习惯如何，其本质是一样的。

07 | 示范效应：
远离商家为你设的"跟风坑"

晓娅和新同事相约一起逛街，到了商场以后，晓娅发现同事花钱特别爽快，虽然拿着和自己一样的工资，但买的化妆品都是大品牌的，衣服也都是四位数的，这让晓娅感觉有些尴尬，不好意思去看一两百块钱的打折衣服。新同事比晓娅小两岁，晓娅觉得如果自己今天什么都不买，或者买点便宜的东西，多少会显得有些寒酸。

就这样，晓娅一狠心，花了半个月的工资，给自己买了一件大衣。回到家以后，晓娅就有些后悔了，那个同事是单身，而自己去年刚结了婚，家里每个月都要还贷款，现在一下子花掉了半个月的工资，这着实让晓娅感觉有些心疼，更引发了她的焦虑。

不知道你有没有遇到过类似的情况？当身边的人购买了某种商品，惹得周围人羡慕时，你也会跟着去买这种商品。经济学中认为，**消费者在认识和处理自己的收入、消费及其相互关系时，会不自觉地和其他消费者比较，以认定自己的所属**。这个时候，其他消费者对于这个消费者的影响，被称为"示范效应"。

就像上文中的晓娅，看到与自己收入差不多的同事买东西那么爽快，消费心态受到了很大的冲击，于是就开始效仿对方的行为。由此不难看出，**人们的消费行为不仅仅受收入水平的影响，还受到收入与自己相近的人的消费行为的影响**。这些人的行为具有示范效应，在看到他们因收入水平或消费习惯的变化而购买高档消费品时，哪怕自己的收入没有变化，人们也可能会效仿他人扩大自己的消费开支。

　　为什么会出现这种情况呢？这是因为消费者对于某种商品的需求，取决于其他消费者对这种商品的需求，也就是消费的示范效应。消费者在认识和处理自己的收入与消费及其相互关系时，会跟其他消费者比较，其消费支出会受到周围其他某些消费者，即他认为自己属于的那一类人的影响。一个年轻的女孩可能会和她的朋友或同事穿同类型的衣服、做同款的头发，但绝对不会跟她的妈妈穿同类的衣服。由此可见，消费者包含许多群体，有许多消费者自觉不自觉地把自己算在一定的群体内，其消费就会朝着这个群体内的其他人看齐。

　　示范效应的影响力是很大的，甚至可以跨越国界。当某一国家的居民注意到其他国家居民购买高档消费品时，也可能会仿效别国居民从而改变自己的消费习惯。这也意味着，消费的示范效应会造成低收入水平国家居民的消费需求远远超出他们正常的水平，从而导致储蓄不足和国际收支严重逆差等问题。对个人而言，我们应当在消费时多一些理性，少一些攀比，一旦陷入示范效应中，不但容易被商家利用，也会让自己冲动消费。

08 节俭悖论：
越节俭反而越萧条

有一则寓言故事里讲道：一个惜金如命的财主，把自己的金子埋在花园里的一棵大树下，每隔几天就挖出来看看，再心满意足地埋起来。后来，有人发现了这个秘密，就把那些金子偷走了。财主痛不欲生，邻居了解了事情的经过后，好奇地问："你从来没有花过那些金子吗？"财主说："没有，节俭是我们家的传统，我每次只是看看而已。"

邻居听后不禁哈哈大笑，对财主说："按照你对待金子的方式，有和没有都是一样的啊！如果你还是觉得难受，那就在大树底下埋点石头，把它们当成金子就行了。"

故事听起来有些可笑，但它里面蕴含着一个经济学问题：节俭悖论。

节俭悖论是凯恩斯最早提出的一种理论，根据凯恩斯主义的国民收入决定理论，消费的变动会引起国民收入同方向变动，储蓄的变动会引起国民收入反方向变动。根据储蓄变动引起国民收入反方向变动的理论，增加储蓄会减少国民收入，导致经济衰退；减少储蓄会增加国民收入，使得经济繁荣。这种矛盾，就被称为"节俭悖论"。

在经济学中，对单独个人有益的事情，未必对全体有益。个人致富需要储蓄，但如果整个国家的储蓄过大，社会就会出现贫困。这不难理解，节俭会导致支出减少，厂家也会削减销量，减少工人，进而导致收入减少，最终减少储蓄。经济大萧条时期的情景，就是节俭悖论最为生动的呈现，人们对未来预期不抱任何希望，都尽量地多储蓄。这种不愿意消费的心理和行为，又导致他们的收入持续下降。

上述事实告诉我们，当资源得不到充分利用，经济没有达到潜在产出的情况下，只有社会中的每个成员都尽可能多地消费，整个经济才能够走出低谷，朝着充分就业、经济繁荣的方向发展。所以，这也是为什么一直提倡刺激国内消费，就是为了拉动经济发展。

所以，对于节俭和消费的问题，我们要一分为二地看待。勤俭是一种优良传统，但不代表完全不去消费；同样，消费也不意味着奢侈和浪费。依照现代的理财观念，过度节俭当守财奴，或是过度消费随意乱花，都是不被提倡的。我们应当把握好一个度，在自己的经济能力和经济条件能够承受的范围内理性消费，保证买来的东西物有所值。

CHAPTER 4
吃透消费的秘密，让钱花得更有价值

09 | 吉芬商品：必需品价格越高，越会遭疯抢

1845年，爱尔兰正值大饥荒时期，英国经济学家吉芬观察到一个奇怪的现象：马铃薯的价格上涨了，但人们对它的需求量也在不断上涨。

根据需求定律，消费者对商品或劳务的购买数量，通常会随着价格的升高而降低。然而，吉芬商品所呈现出来的特性，俨然与一般商品的正常情况相悖。这种与商品需求定律相悖的现象，当时被称为"吉芬难题"，而这样的商品也被称为"吉芬商品"。

到底在什么样的情况下，会出现吉芬商品呢？剖析吉芬之谜不难发现，吉

芬商品的出现需要两个前提条件：其一，购买者收入低下；其二，此商品是必需品。

我们知道，肉和马铃薯都是生活必需品，可肉的价格远远高于马铃薯。当马铃薯的价格上涨时，就意味着消费者的实质性收入降低了。为了解决温饱问题，哪怕肉的价格下降了，消费者还是会压缩肉的购买量，而选择购买更多的马铃薯，来维持正常的生活所需。

经济学家认为，吉芬现象是市场经济中的一种反常现象，也是需求规律中的一个例外。不过，这种客观存在的现象，也是无法回避的，它总是会在特定的环境条件下，以不同的形式出现。尤其是在灾难时期，必需品的价格越高，人们越会去疯抢，这是他们心理上的恐慌所致，他们担心此商品的价格日后会变得更高。

生活中还有许多吉芬现象，最明显的就是股市和房市。

当某一种股票上涨的时候，往往会出现股民们争相购买的局面，大家都渴望赶上"牛市"多赚点钱；当一种股票的价格持续下跌时，购买它的人会明显减少，而手里拥有它的人也希望赶紧抛出。房子的情况也是这样，当房价一路疯涨的时候，买房子的人变得越来越多，甚至一些没有钱的人也开始想办法筹钱，都希冀着早日成为有房一族。

尽管需求定律告诉我们"价格与需求量呈反向变动关系"，但我们不能因此否定，"价格与需求量呈同向变动关系"这一现象是存在的。需求定律附加了"其他前提条件不变"的前提，这是抽象掉现实中诸多因素的形而上的东西；然而吉芬商品是现实的，是没有抽象掉其他因素的形而下的东西。如果看不到需求定律的前提条件已经悄然发生改变，就很难真正理解吉芬现象，它不是定理，却是客观存在的。

10 需求弹性：
怎样才算把钱花在刀刃上？

当汽车涨价的时候，很多消费者会选择观望，暂时不买；可当食盐、酱油、醋等商品涨价的时候，人们还是会去购买，价格的上升并未影响到消费者的需求。很多人会说："没有汽车，可以坐公交地铁，可饭还是要做的呀！每顿饭都少不了油盐酱醋！"

没错！油盐酱醋是生活必需品，而汽车不属于必需品；我们可以没有汽车，却离不开油盐酱醋。这就是经济学上所说的需求弹性，即商品价格变动对需求量的影响程度，当价格变化对需求量影响较大的时候，叫作价格需求弹性高；当价格变化对需求量影响较小的时候，叫作价格需求弹性低。**通常来说，需求弹性高的商品，价格稍微上涨，需求量就会下降；需求弹性低的商品，无论价格怎么变动，需求量都不会出现明显下降。**

其实，这也很容易理解。需求弹性低的商品，可替代性比较差，就像炒菜时没有酱油和盐，我们很难用其他物品去替代它们，保证炒出来的菜有咸味；而需求弹性高的商品，可替代性也较强，比如猪肉近期涨价了，我们可以去买鸡肉和鱼。

决定某种物品需求弹性大小的因素有很多，如消费者对某种商品的需求程度；商品的可替代程度；商品本身用途的广泛（水、电）程度；商品在家庭支出中所占的比例（电视、汽车的需求弹性大，筷子、牙签的需求弹性小）；消费者收入的变化；等等。

经济学与生活

正因为存在需求弹性，所以人们的消费会受到制约。对于生活必需品，无论价格高低都要购买。所以，我们国家的生活必需品的价格都是受政府控制的，如粮食、食盐等民生必需品，其目的就是防止市场被操控而出现大规模涨价，继而影响百姓的正常生活。而且，无论世界的粮食价格如何波动，对我们的影响都不会太大，因为国家会给粮食价格进行补贴。

作为普通消费者的我们，有必要认清楚哪些是需求弹性高的商品，哪些是需求弹性低的商品，这也是一种良好的思维理念。这样的话，我们就可以根据自己的实际收入，对消费结构进行调整，把自己的钱多用在"刀刃"上。

11 | 凡勃伦效应：
当心挥霍性消费的"陷阱"

你在买东西的时候，有没有留意到这样的现象——

款式和材质差不多的一件衣服，在普通的服装店里卖200元，显得很不起眼；转身到大商场，类似的衣服价格翻了几倍，却有不少人试穿和购买！标价上万的眼镜架、大几万的纪念表，以及上百万的顶级钢琴，也是备受青睐。

不仅是穿的和用的，就连吃的东西也一样。曾经在北京太平洋百货开卖的两种日本进口大米，两公斤包装的大米标价分别为188元和198元，比国内普通大米的价格高出几十倍。可即便如此，不到20天的时间，12吨的"天价大米"就卖光了。

这些让普通消费者感到匪夷所思的现象，在经济学中被称为"凡勃伦效应"，即消费者对一种商品的需求程度，因其标价较高而增加。简单来说，就是一件商品的价格定得越高越畅销。那么，为何会出现这样的情况呢？

实际上，这种奇特的经济现象凸显的是挥霍性消费的心理，消费者购买这类商品，并不仅是为了获得直接的物质满足和享受，更多的是追求心理上的满足。随着经济的发展，人们的消费习惯开始随着收入的增加而改变，从最初追求数量和质量，逐渐过渡到追求品位。

很多商家认识到了凡勃伦效应，就开始借助媒体宣传，把自己的形象转化为商品或服务上的声誉，让商品附带一种更高层次的形象，给人以"高档""名贵""脱俗"的印象，从而增强消费者对本企业商品的好感。现在，

经济学与生活

我们也认识到了这一效应，那么在消费时就要多一点理性，避免被某些"表象"迷惑，掉进挥霍性消费的陷阱。

12 | 杜森贝利理论：
由俭入奢易，由奢入俭难

古典经济学家凯恩斯认为消费是可逆的，即绝对收入水平变动必然会立即引起消费水平的变化。对于这一观点，经济学家杜森贝利持否定态度，他认为这是不可能的，因为消费决策不可能是一种理想的计划，它还取决于消费习惯。这种习惯受多方面因素影响，如社会需要、个人经历、个人经历的后果等，特别是个人在收入顶峰时期所达到的消费标准，对于消费习惯的形成有重要的影响。

要理解杜森贝利的理论并不难，宋代政治家和文学家司马光在给儿子司马康的家书《训俭示康》里，写过一句著名的"由俭入奢易，由奢入俭难"，两者的寓意如出一辙。一向过着高生活水准的人，就算是收入降低了，多数情况下也不会立刻降低消费水准，而是会继续维持相当高的消费水准。所以说，**消费会随着收入的增加而增加，但不会轻易随着收入的减少而减少**。就短期观察可发现，在经济波动的过程中，收入增加时，低收入者的消费会赶上高收入者的消费；但在收入减少时，消费水平的降低是很有限的。

这种不可逆的消费行为，为我们敲响了警钟：对于过度的、贪得无厌的奢求，一定要加以控制。如果过分放纵奢欲，就可能会出现古语里所描述的情形："君子多欲，则贪慕富贵，枉道速祸；小人多欲，则多求妄用，败家丧身。是以居官必贿，居乡必盗。"正因如此，许多成功的企业家即便拥有大量的财富，依然对子女严格要求，让他们充分体验生活，感受到每一分钱的来之不易，懂得俭朴与自立。

不过，从社会经济的角度来看，不可逆的消费行为在经济萧条、衰退和复苏时期，也有积极的效用，甚至可以让经济重新恢复繁华。在经济衰退期，虽然收入水平大幅下降，但当期消费的下降幅度是很小的，不会让繁荣时期形成的消费增量完全减少，这可以在一定程度上减缓总需求的减少，降低经济衰退的程度。直到经济再次达到繁荣，并超过前一次繁荣程度时，这种作用才会消失。

CHAPTER 5

没有"零风险"，谨慎对待投资理财

投资理财是现代人关注的一个重要话题，多数人都乐意牺牲或放弃现在可用于消费的价值来换取未来更大的价值。想法是好的，可实践却不能盲目，因为任何投资理财都是有风险的。想让金钱成为自己的帮手，就要详细了解投资理财的经济学知识，不要人云亦云，也不要把鸡蛋放在同一个篮子里。在关注回报率的同时，还要看收益和投入的百分比，以及风险和操作手段，看自己是否可以承担得起。没有人敢保证投资完全不亏损，但我们要学会最大化地减少风险。

01 | 收益与风险：
不存在"零风险"的投资理财

一直以来，大家都觉得把钱存在银行里是最为安全的，因为保本且有利息。其实，任何投资理财都存在风险，只是风险大小不同而已。即便是银行存款和国家债券，也是存在风险的，比如存入定期后，其间利率上涨了，也无法享受到。只是，这种风险太低，往往会被忽略。

投资有风险，收益越高，风险越大。那么，如果不投资的话，是不是就可以不承担风险了？不，即便不投资，通货膨胀也会造成风险。所以说，不要太畏惧风险，或是因噎废食，重要的是了解自己投资的品种风险有多大，继而有效地规避风险。

风险不等于损失，这是我们要澄清的一个问题。很多人谈到风险就色变，原因就在于存在认识上的误区，把风险和损失画了等号。其实，金融投资中的风险，就是一种不确定性，指的是每年的实际投资率相对于预期年收益率的上下波动程度，无论是向上超出的收益，还是向下缺少的部分，都叫作风险。我们要理财的话，最为关键的就是要学会控制风险。

如果我们在网上选择投资理财产品，往往会有一个投资风险承受度的测试，那么这个投资风险承受度是怎么判断出来的呢？通常来说，它和以下三方面因素息息相关。

第一，年龄。投资界有个年龄法则"（100－年龄）×100%"这个公式所得结果就是可投入风险投资的最大比例。对于事业刚起步的年轻人来说，未来的储蓄多，可以承担较高的风险；对于退休的中老年人来说，往下平摊的本钱很少，所以风险承担能力较低。

第二，家庭状况。组建了家庭，就要承担相应的责任，不仅要维持生计，还要为子女的教育投入，做好家庭的保险预算等。如果工作稳定、事业平步青云，那么可以大胆地做投资；如果家庭负担较重，背负着几十年的贷款，就要选择稳健的投资方式。

第三，自身偏好。对于承受风险这件事，不同的人有不同的态度，有人属于冒险型的，有人属于稳健型的。即便是经济实力和其他条件相似的两个人，在选择投资理财的项目时，也会存在或大或小的差异，这也就决定了，两者对风险的承受能力有所不同。

综上所述，选择什么样的投资途径，全看你是一个什么样的投资者。如果你厌恶风险，就选择收益固定的投资方式；如果你偏好风险，喜欢有刺激性的结果，追逐高利益，且能够承受投资损失的风险，那也可以选择高风险高收益类型的投资项目。

认清楚自己属于哪一个风险类型的人之后，就要多学习理财知识，掌握一些小技巧，尽可能地降低风险、提高收益了。另外，对于理财这件事，要秉持正确的理念，做理性的投资人，熟悉金融法规政策，增强自我保护意识。还有就是，做好长期投资的准备，把它当成一种生活习惯，只有把时间拉长，才能看到明显的效果。

经济学与生活

02 | 储蓄：
趁年轻养成储蓄的习惯

　　古时候使用的钱币大都是铜币，出于安全的考虑，人们通常会把多余的钱装在坛缸等容器中，藏入地窖或埋在地下，这就是最早的储蓄方式，这种方式一直延续到东汉前后。在秦汉时期，扑满储蓄开始出现并盛行，所谓扑满就是古代专用于储藏钱币的瓦器。

　　到了唐朝中期，商业逐渐繁荣，市场上开始出现柜坊，专门替人保管金银财物。有些富商为了财物安全和避免搬运麻烦，就把钱存储在柜坊，需要用的时候，可凭信物支取。宋代的时候，这些柜坊演变成销熔铜钱和赌博的场所，政府加以取缔，到元朝时就消失了。

　　元末明初，钱庄出现，这是一种类似于现代银行性质的储蓄店铺，比世界上最早的意大利威尼斯银行早三百多年。1897年，中国通商银行在上海开业，这是中国最早的一家专门从事储蓄业务的银行。自此以后，从事储蓄的银行在各地得到了广泛的发展。

　　由此可见，无论是千年前的古代，还是我们生活的现代，储蓄一直都是人们关注并践行的一个生活主题。西方经济学认为，储蓄是货币收入中没有被用于消费的部分，既包括个人储蓄，也包括公司储蓄和政府储蓄。现阶段，由于多数家庭投资风险的承受能力有限，储蓄依然是人们打理闲置资金的主要方式。

　　目前，我国储蓄存款的形式主要有以下五种。

· 活期储蓄

活期储蓄是指不约定存期、客户可随时存取、存取金额不限的一种储蓄方式，也是银行最基本、最常用的存款方式。客户可随时存取款，自由、灵活地调动资金，适合于个人生活待用款和闲置现金款，以及商业运营周转资金的存储。

· 整存整取

整存整取是一种定期储蓄存款，通常50元起存，存期分3个月到5年不等，本金一次存入，由储蓄机构发给存单，到期凭存单支取本息。

· 零存整取

零存整取是一种定期储蓄存款，每月存款额固定，通常5元起存，存期分1年、3年、5年，存款金额由储户在开户时自行约定，每月存入约定存款金额一次，中途如有漏存，应在次月补齐。未补存者，视同违约处理，到期销计账户时，违约前存入的金额按开户时利率计付利息，违约后存入的金额按活期利率计付利息。

· 存本取息

存本取息是一种定期储蓄存款，通常5000元起存，本金一次存入，存期分1年、3年、5年，由储蓄机构发给存款凭证，到期一次支取本金，利息凭存单分期支取，开户时可以约定每个月或几个月取息一次，由储户与储蓄机构协商确定。

· 定活两便

定活两便储蓄存款，通常50元起存，存单分记名、不记名两种，记名存单可以挂失，不记名存单不可以挂失。

储蓄是一种安全性较高的理财投资方式，想通过储蓄获得回报，要坚持少存活期，多存定期；少存短期，多存长期，且在规定时间内提取存款，避免损失利息。如果想要有效地提高利息，可以选择滚动储蓄的方式，如：把12万块钱分成12份或6份，每个月或每两个月存入一笔，每笔存足一年定期，从第二

年起，每个月或每两个月就有一笔定期存款到期，可以提供使用，也不会减少利息收入。

年轻是一种资本，有足够长的时间让我们的资本慢慢增值。所以，我们要充分利用这一优势，循序渐进地储蓄和投资，就算无法实现大幅度的财富增值，起码不让金钱躺在账户里睡觉，或是被无度地挥霍掉。

03 利率：
提前还贷，银行为何不乐意？

故事发生在十几年前，恰逢中国房价突飞猛涨的阶段。

当时，赵先生在一家互联网公司工作，月收入5000元。为了准备婚房，他向银行贷款30万，加上父母资助的10万，购买了一套两居室的房子。当时的房价是每平5000元左右，赵先生每个月拿出一半的收入还贷款。后来，赵先生的工资涨到了7000元，他想每个月还贷3500元，这样既能缩短还款期限，还能节省利息支出。可是，对于赵先生的请求，银行百般不愿。

赵先生很纳闷：我提前还款不是好事吗？银行为什么不乐意呢？

其实，这里牵涉到国家利率的问题。所谓利率，就是表示一定时期内利息量与本金的比率，通常用百分比来表示，计算公式为：利息量÷本金＝利率。

利率是经济学中很重要的一个金融变量，几乎所有的金融现象、金融资产都和利率有关系。当前，世界各国都在运用利率杠杆实施宏观调控：在经济萧条时期，降低利率，扩大货币供应，刺激经济发展；在膨胀时期，提高利率，减少货币供应，抑制经济的恶性发展。

简单理解就是，当国家提高利率时，意味着一个经济高峰期要过去了，下一个经济周期就是低迷时期。**我们可以把利率的变化作为一个信号，灵活地进行消费或投资。**对于赵先生遇到的"提前还款银行不乐意"的问题，其实是有经济背景的。

2007年，我国的通货膨胀问题十分明显，为了抑制经济过热，国家多次提高利率。对于贷款买房的人来说，无形中增加了利息负担。为了少支付金钱，很多人会像赵先生这样选择提前还款。但从银行的角度来说，提高利率是好事，可以多收利息，如果贷款者都选择提前还款，那么银行的收入就少了，它当然会不乐意，甚至推三阻四。

利率在社会生活中是一个不容忽视的因素，嗅觉敏锐的商人对利率的关注从未松懈过，因为它是经济运行的预报。作为普通的百姓，我们也应当多关注利率，它是金融工具和货币政策工具，不但影响着国家的经济走势，还可以协助我们判断汇率、基金、股票等行业的情况，有选择性地进行消费和理财。

04 复利：
理想世界中的赚钱"利器"

怎样才能把10元钱变成100万元？你能想到的方法有哪些？

可能不少人第一时间想到的，是每天存10元钱，依靠时间来叠加。可是，用这种方式的话，大概需要277年才能存够100万，俨然是不实际的。其实，还有另一种方法，就是把每天存下的10元钱（一年3600元）用于投资，以过去三十年美国标准普尔500指数年平均回报率12%计算，只需要31年就可以成为百万富翁了。

是不是很神奇？这就是"复利"的威力。我们可以看一个真实的案例：

1923年，一个叫山姆的普通美国人出生了。由于山姆的出生，家里的开销明显增加，于是山姆的父母决定将原本用来买车的800美元拿去投资，以便支付山姆长大后的各种费用。不过，他们不具备专业的投资知识，也不知道该怎么选择股票，所以就选择了一种相对稳定的投资品种——美国中小企业发展指数基金。

山姆的父母并没有太在意这个数额不大的投资，随着时间的推移，渐渐地就把这件事给忘了。等山姆到了76岁的时候，他才惊讶地发现，自己的账户上竟然有3842400美元！山姆不知不觉就成了一位百万富翁。

复利，其实就是"利滚利"，一笔存款或者投资获得回报之后，再连本带利进行新一轮投资，不断循环。这是一种投资收益安排的重要方式，更是创造亿万富翁的神奇力量。复利的计算公式很简单：本利和=本金×（1+利率）^{n}。

复利三要素

本金　　　收益率　　　时间

从投资的角度来看，复利计算的投资报酬令人惊叹。假设投资1万元，每一年的收益率能达到10%，那么第一年的利益就是1000元；第二年，再用第一年的本金和利息共11000元去投资，在收益率10%不变的情况下，这一年的利息收益就是1100元。如果收益率不变，以此类推，第三年的利息收益就是1210元。合算起来，这三年的利息收益就是3310元。长此以往，几十年以后，收益无疑是很可观的。

这样听起来，复利确实很美好，可现实中真正享受到复利福利的人却只是极少数，这是为什么呢？透过复利的公式不难看出，复利有三个核心要素：初始投入的本金、收益率和持续投资的时间，任何一个因素的波动都不容忽视。

第一，没有足够多的本金，很难见证复利的效用。最简单的例子，存1万本金和存100万本金，收益有着天壤之别。

第二，复利的奇迹需要一直保持正向的高收益。我们知道，任何投资都是有风险的，作为普通人，谁也不敢保证自己的投资稳赚不赔。收益率不稳，甚至可能成为负数，不仅难以见证复利的奇迹，还可能让之前的收益也打了水漂。

第三，复利的最大力量在于持续的时间够长。巴菲特90%的财富是在他60

岁以后获得的，他把这件事坚持了60年！对常人来说，用几十年的时间去等待复利的奇迹是很难的，其间可能会发生各种各样的意外状况，从而使人们被迫终止运用复利法则。

复利是一个数学公式，是理想世界里的赚钱"利器"，但现实世界却是由不确定性组成的。对复利进行这样的剖析，是希望大家能够从客观的视角看待复利，不要盲目地将其神化，也不要认为它是虚妄荒谬的，我们应当通过学习复利培养一些经济学思维，比如：要努力赚钱和存钱，为自己积累更多的本金；投资要做好风险预判，关注收益率；财富的增值需要时间，学会做有意义的坚持，间断投资可能会让前期投资的效果大打折扣。

经济学与生活

05 | 股票：
炒股是投资，而不是投机

提到沃伦·巴菲特，多数人都会想到两个字：股神。

2001年，中国内地与香港股市低迷，中石油股价跌落到1.4~1.6港元时，巴菲特斥资23亿元买进。第二年，中石油的股价涨了一倍，巴菲特净赚了23亿元左右。不过，他一直没有卖，从2002~2006年一直持有中石油的股票。

2007年，中石油要回归中国内地发行A股，全世界都给予了中石油高度的赞誉，中国投资者更是对此满怀期待。可就在这样的形势之下，巴菲特却在香

港股市上分批抛出了手里持有的中石油股票，卖价在12~14港元，赚了几百亿港币。

巴菲特卖出股票后，中石油的股价依然在暴涨。很多人觉得，巴菲特卖得太早了，少赚了很多钱。可是，巴菲特却说："我买中石油公司的股票，买的是它的原材料，是从井底打出来的油。当油价超过75美元的时候，我就决定卖出。"结果，当中石油回归中国内地股市后，中国香港中石油的股价开始不断下跌。

巴菲特在投资上的成功，让许多投资者顶礼膜拜。然而，盲目地效仿并不是一件好事，巴菲特之所以长期持股，做价值投资，是因为他对上市公司有深入的研究，年轻时也有创业的经验。几十年的知识积累和人生经历，让他拥有了高瞻远瞩的能力，并且他经常与上市公司的CEO们接触，可以及时了解企业的真实状况，把握最新信息。

投资的方法有很多，不能完全照搬巴菲特的操作，毕竟股神只是极少数人。我们还是应该脚踏实地去学习股票投资，结合自身的能力与知识，选择适合自己的投资方法，结合大势来操作。言归正传，我们先来说说：到底什么是股票？它和其他投资工具有什么区别？

股票，是对一个股份公司拥有的实际资本的所有权证书，是参与公司决策和索取股息的凭证，不是实际资本，只是间接地反映实际资本运作的状况，从而表现为一种虚拟资本。股票持有者凭借股票从股份公司取得股息。

与其他投资工具相比，股票具有以下五个方面特点。

· 不可偿还性

股票是一种无偿还期限的有价证券。投资者在认证股票后，不能再要求退股，只能到二级市场卖给第三者。股票的转让，并不会减少公司的资本，它只意味着公司股东的改变。从期限上看，只要公司存在，其发行的股票就存在，股票的期限与公司存续的期限是等同的。

·参与性

股东拥有出席股东大会、选举公司董事会、参与公司重大决策的权利；股票持有者的投资意志与享有的经济利益，是通过行使股东参与权来实现的。股东参与公司决策的权力大小，与其持有的股份多少密切相关。

·收益性

股东凭借自己持有的股票，有权从公司领取股息或红利。投资收益的大小，与公司的盈利水平、盈利分配政策有关。股票的收益性，体现在股票投资者可以获得价差收入，或实现资产保值增值。通过低价买入和高价卖出，投资者可赚取价差利润。

·流通性

股票在不同的投资者之间可以交易。通常，可流通的股数越多，成交量越大，价格对成交量越不敏感，股票的流通性就越好，反之则越差。

·价格波动性与风险性

股票价格受多方面因素的影响，如公司经营状况、银行利率、供求关系等，其波动存在较大的不确定性。正是因为这种不确定性的存在，使得股票投资者可能会遭受损失。价格波动的不确定性越大，投资风险也越大，所以股票是一种高风险的金融产品。

想通过股票投资获取收益，并不是一件简单的事。**投资的核心是用较低的风险获取较高的回报**，想成为合格的投资者，一定要严格挑选股票，选择那些具有资源优势、垄断优势、行业优势、政策优势、品牌优势的公司。同时，还要考虑公司的盈利能力，最好选择有持续竞争优势的企业。买股票就是卖未来，长寿的企业价值高。当然，还有最重要的一点，挑选股票价格合适的公司，当买进的价格远低于其应有的价值时，你就有了安全边际。

总之，想做股票投资不能怕麻烦，一定要花费时间和精力学习专业知识，了解股票的特点，精挑细选。要知道，花费半年时间挑选一只能赚钱的股票，远比花1小时随意选几只赔钱的股票要划算得多。

06 基金：
什么样的基金适合长期持有？

假设你手里有一笔资金，想要投资增值，可是你对专业的投资理财知识了解甚少，也没有时间和精力去学习，况且这笔资金也不太多，那该怎么做才能既省劲又能达成愿望呢？

苦思冥想后，你想到了一个办法：和其他人一起出资，雇用一个投资专家，让他对你们的资产进行投资增值。可是，如果每个投资者都跟投资专家随时交涉，不太现实。为此，大家决定推举其中一个最懂行的牵头人来操作这件事，定期从大家合出的资产中按照一定的比例给他提成，让他代为付给专家劳务报酬。他会帮你们代办所有的事情，并且把有关风险的问题转达给专家，随时提醒着他，定期向大家公布投资盈亏的情况。

思考出这一方法时，你可能并不知道，这种运作方式的专业名称叫"合伙投资"。你可能更没有想到，如果把这种模式放大一千倍、一万倍，就形成了基金。

基金，通常指证券投资基金，指通过发售基金份额，把众多投资者的资金集中起来，形成独立资产，由基金托管人托管、基金管理人管理，以投资组合的方式进行证券投资的一种利益共享、风险共担的集合投资方式。

在上述的这个假设中，合伙投资推举出的牵头人，在现实中的角色就是基金管理公司，只不过它是一个公司法人，其资格要由中国证监会审批。投资者们要按照一定的比例，每年向基金管理公司缴纳基金管理费。它会替投资者们代雇负责操盘的投资专家，也就是基金经理，定期公布基金的资产和收益情况。这些活动，都要经过证监会的批准。

为了保证投资者们的资产安全，以防被基金公司暗自挪用，中国证监会规定，基金的资产不能放在基金公司，基金公司和基金经理只负责交易操作，不接触资金。管理资金的事情，都交由银行来打理，它会建立一个专门的账户，称为基金托管。当然，投资者们要从合伙的资产中按照一定比例支付给银行劳务费。所以，基金资产基本上没有被私自挪走的风险，就算基金管理公司倒闭了，或者托管银行出现了意外状况，向它们追债的人也无权碰基金专户的资产，所以基金资产的安全是很有保障的。

综合来看，证券投资基金与其他投资工具相比，具有以下四点优势。

第一，基金由专业人士进行投资管理和运作，他们有丰富的理论功底和实践经验，可以有效地降低投资风险。

第二，基金最低投资量的起点较低，可满足小额投资者的需求。同时，基金有较强的变现能力，投资者收回投资非常方便。

第三，基金可以同时分散投资于股票、债券、现金等多种金融产品，这种组合投资，可有效地分散风险。

第四，由中国证监会进行监管，强制基金进行较为充分的信息披露，可以有效保护投资者的利益。

如果你时间精力有限，对专业的投资知识了解不多，且属于中小投资者，那么不妨选择基金作为投资理财的方式。只不过，基金是长期投资品种，不能像股票那样频繁买卖，持续时间长才会显现出良好的效果，据历史平均数据统计，权益类基金持有时长3~5年，效果比较好。

至于什么样的基金适合长期持有，有三点因素要考量：其一，清盘风险较小；其二，收益稳健；其三，成立时间相对较长，且累计净值呈上行趋势。总之，选择基金要理性，不能盲目，一定要考虑自己的风险承受能力和经济状况，看好自己辛辛苦苦赚来的钱。

07 保险：把不确定的损失，转化为确定的成本

我们经常会在微信朋友圈里看到"为治病筹款"的信息，信息发布者希望通过爱心人士的捐赠，帮助患病者及其因病负债累累的家庭。每每看到这样的消息，身边从事保险业务的朋友都会感慨：如果当初能给自己买一份重疾险、意外险、大病医疗险，多则几千，少则几百，总比这样期盼着他人因同情而伸出援手要好得多，只可惜生活没有如果，只有结果。

保险之所以存在，就是因为人们厌恶风险，想要规避风险。这是人们为了对付由于意外事件，如疾病、事故或其他不幸等，所引起的财务风险而购买的安全性保障。人们向保险公司支付一定的费用，换得一个承诺：如果所保险的事件发生，保险公司将按照条款进行赔偿。

保险无法帮我们消灭风险，但保险可以帮助我们转移风险。在没有保险的时候，风险由投保人自己承担；有了保险以后，风险就转移到了保险公司身上。保险公司相当于提供一个多人互助的平台，把投保者组织起来，每个人缴纳保费，最后形成规模很大的保险基金，当其中的任何一个人发生不如意的情况，保险公司就会给予他经济上的补偿。

从经济学角度来说，保险就是对客观存在的未来风险进行转移，把不确定的损失，转化为确定的成本，即保险费用。不过，保险中的"可保风险"指的是"纯风险"，也就是只有发生损失的可能，没有获利的可能，如生病、意外等，就属于纯风险。如果是股票投资，保险公司是不可能为其上保险的。

经济学与生活

有些人对保险的性质了解甚少，经常会说："买保险不如买基金和股票合适"；还有人会问："这款保险的保费，以后还能领回来吗？会有分红吗？"对此，我们要明确一个事实：买保险的意义，不在于直接获得多少金钱上的收益，不能用合不合算来衡量；而在于转移未来可能会发生的风险，提升自己和家庭的"抗风险能力"，确保自己不会因大笔的医疗费用而让生活陷入绝境。近年来，保险公司也陆续推出了一些既有保障功能又有投资功能的保险品种，不但能起到保障人身安全和财产的作用，还能让保险资金增值。

有些保险（如重疾、意外），我们希望一辈子都用不到，但不可以没有。一旦风雨来袭，我们无法庇护自己和亲人时，可以让保险来挡一阵风雨。买保险最好趁年轻，不但能早点获得保障，费用也较低。随着年龄的增长，不仅保费高，还可能因为身体状况被保险公司拒保，失去购买保险的资格。所以，别忽视了这把保护伞，它是未来人生路上的一份可靠保障。

债券：
哪一类债券的风险最大？

陆小姐有稳定的工作，收入相对稳定，每月能存下4000块钱。之前，陆小姐按照3/4的定期存款和1/4的活期存款组合配置，但由于通货膨胀等问题，陆小姐觉得这样的理财方式不太理想，可一时间又没有找到解决途径。

后来，经过朋友的推荐和分析，陆小姐把原来3/4的定期存款用于基金投资，每月用1000元做基金定投，剩下的2000元投资债券型基金。三年下来，陆小姐惊讶地发现，1000元的基金定投虽然会随着股市上下起伏，但基本持平并略有盈余；每月投资2000元的债券型基金的收益率，在过去三年的收益比银行定期存款更划算。

陆小姐在做基金投资时，选择了基金定投和债券型基金两种，那么债券是什么呢？

债券，是政府、金融机构、工商企业等机构直接向社会借债筹措资金时，向投资者发行并承诺按照一定利率支付利息，并按约定条件偿还本金的债权债务凭证。从本质上来说，债券是债的证明书，具有法律效力。债券的购买者与发行者之间是债权债务关系，债券发行者是债务人，债权持有者是债权人。由于债券的利息通常都是事先确定的，因此债券也被称为固定利息证券。

作为一种债权债务凭证，债券和其他有价证券一样，也属于虚拟资本。作为一项重要的融资手段和金融工具，债券具有以下四个方面的特点。

・偿还性

债券通常规定有偿还期限，发行者必须按照约定条件偿还本金并支付利息。

・流通性

债券可以在流通市场上自由转让。

・安全性

债券通常规定有固定的利率，这一点不同于股票，和企业绩效没有直接关系，收益比较稳定，风险也较小。即便企业破产，债券持有者也享有优先于股票持有者对企业剩余资产的索取权，这是其一大优势。

・收益性

债券可以给投资者定期或不定期地带来利息收入，投资者可以利用债券价格的变动买卖债券，从而赚取差额。

通常来说，债券的交易有三种方式：现货交易、回购交易和期货交易。

现货交易，即债券买卖双方均认可债券的买卖价格，在成交后立刻或短期内办理交割的一种交易方式。

回购交易，即债券出券方与购券方在达成一笔交易的同时，规定出券方必须在未来某一约定时间，以双方约定的价格再从购券方那里购回原来的那笔债券，并以商定的利率支付利息。

期货交易，即一批交易双方成交以后，交割和清算按照期货合约中规定的价格在未来某一特定时间进行的交易。

想要通过债券投资实现收益最大化，同时有效地降低风险，首先要做的就是谨慎选择债券种类。通常来说，企业债券的收益高，风险也较大；政府债券和金融债券风险较小。其次，债券通常是期限越长，利率越高，风险也越大；期限越短，利率越低，风险也越小。最后，合理规划债券投资结构，也是实现收益最大化的一个重要因素。

投资债券既要有收益，又要控制风险。

经济学与生活

09 | 期货：
既能让人暴富，也能让人破产

周五傍晚，李阿姨去菜市场买菜。她想买点排骨，给明天回来过周末的小孙子做一道糖醋小排。可是，她经常光顾的那家猪肉摊位上，排骨早就卖完了。李阿姨有点儿着急，就跟摊主商量，能不能明天早上给她留两斤小排。摊主面带笑意，却没有直接答应，只是说"不敢保证"，毕竟附近就这一家菜市场，周末买肉的人太多了。况且，如果摊主给李阿姨留了排骨，而她又没有来，那排骨到了下午就不新鲜了，也不好卖了。

经过一番商讨，最后双方决定：李阿姨先付给摊主一半的钱，明天取排骨的时候，再付剩余的部分。这样一来，李阿姨既能得到自己想要买的东西，摊主也不用担心明天因卖不掉预留的排骨会亏损收益。

这是生活中很常见的一种情形，实际上它涉及了经济学中期货的问题。李阿姨为了保证今天买不到的排骨明天一定能够买到，向摊主支付了定金。摊主收取了定金，卖了今天并没有的排骨。今天到明天的时间是"期"，排骨是"货"，两者合起来即为"期货"。

期货是从英文"future"（未来）一词演变而来的，主要指交易双方不必在买卖发生的初期就交收实货，而是共同约定在未来的某一时间交收实货。因为卖家判断他手中的商品，在未来某个时候价格会达到最高，于是选择在那个时间点卖出，从而获取最大的利润。

人们购买期货，通常出于两个目的：一是套期保值，二是期货投机。

套期保值，是指交易者在现货市场买卖某种原生产品的同时，在期货市场上设立和现货市场相反的头寸，然后把现货市场价格波动的风险，通过期货市场上的交易转移给第三方的交易行为。期货投机，是投机者通过预测未来价格的变化，买空卖空期货合约，当月线的价格变动对自己有利时，就会对冲平仓，以此获取利润。依照我国当前的制度，个人投资者购买的期货不能交割实物，只是一种投机的理财手段。

用最通俗的话来解释，**期货投资就是赚取买卖的差价**。

假设某人在玉米每吨2000元钱时，预测到玉米价格要下跌，于是在期货市场与买家签订了一份合约，约定半年内他可以随时卖给买家10吨玉米，价格是每吨2000元。三个月后，玉米的价格跌到了每吨1500元，某人认为价格跌得差不多了，立刻以1600元的价格购买了10吨玉米，接着又按照合同约定以2000元每吨的价格卖给买家，从而赚取了4000块钱的差价，原先缴纳的保证金也返还了。

倘若某人的预测不准确，半年内玉米的价格没有下跌，而是涨到了每吨2500元。那么，在合约到期前，某人就要以高价购买10吨小麦，然后按照约定的价格卖给买家。这样的话，某人就亏损了，而买家就赚到了5000元。

从上述的这个例子可以看出，期货的交易方式与股票是很相似的，而期货市场也跟股票市场一样，赚的时候能让人一夜暴富，赔的时候也可以让人瞬间破产。**不夸张地说，没有任何一项其他的投资活动能像期货投资一样充满投机性和诱惑性。**

想炒好期货并不容易，首先要具备良好的心态，无论是赚还是亏，都要及时总结经验教训，牢记操作过程中的得与失。其次，要认识到期货市场是一个零和市场，只有少部分人获利，这是无法回避的现实。所以，一定要学会控制风险，赚取自己有把握的利润，主动放弃不确定和无把握的市场机会。最后，要克服贪婪，并学会止损。总之，做期货生意，须有一颗强大的心，高利润永远都是与高风险并存的。

经济学与生活

10 黄金：没有国界的货币，保值的避险资产

提到黄金，多数人会想到首饰和摆件。其实，黄金不仅是饰品，更是一种投资品种，且具有"硬通货"的保值增值功能。

黄金是一种货币，具有不变质、易流通、保值、投资等多重功能，虽然黄金的价格会随着国际事务的变动而发生波动，但它能够充当货币这一点是任何时候都无法改变的事实。在不确定的经济环境下，黄金作为"没有国界的货币"更是吸引了大量的投资者，它在全球都可以得到报价，抗通胀能力强，税率比股票低很多，产权容易转移，价格走势公平公正，这些都是黄金较为突出的优势。

想要进行黄金投资，先得了解常见的几种黄金投资方式。

· 实物金

实物金，就是以持有黄金作为投资，包括买卖金条、金币、金饰等交易。这种投资的实质回报率和其他方式基本相同，且只在金价上升时才可以获利。黄金现货市场上的实物金，主要以金条和金块为主，市场参与者主要有黄金生产商、提炼商、中央银行、投资者和其他需求方，黄金交易商在市场上买卖，经纪人从中赚取佣金和差价，银行为其融资。

· 黄金期货

黄金期货，就是人们常说的"炒黄金"，即购买者和出售者都在合同约定日期前出售和购回与先前合同相同数量的合约，无须真正交割实金。这种投资方式风险较大，需要有较强的专业知识，对市场走势有准确判断，市场投机的味道较浓。

·黄金股票

黄金股票属于黄金的现货市场，是黄金企业公开发行的股票。

·纸黄金

纸黄金也称为黄金账户，是不能提取实物的黄金买卖，也属于黄金的现货市场，价格走势与黄金现货完全一致。投资纸黄金的优势在于，资金安全有保障、实盘买卖、风险较小，且价格不会无限制下跌。

黄金投资很适合普通投资者，也具有抗通胀、保增值的优势。在股市调整和银行理财产品收益率减少的情况下，可以将黄金投资作为分散理财的备选方案。

CHAPTER 6

世界需要贸易，贸易是战争的替代

为什么各个国家都积极地展开国际贸易？为什么国际贸易中经常会发生摩擦和争端？出现了问题又该由谁来进行协调？用什么方式可以减少贸易争端的发生？人民币升值到底是好事还是坏事？贸易顺差是不是越大越好？这一系列问题都与贸易经济学密不可分。无论是一个国家，还是出口企业，或是个人，在世界变成地球村的今天，了解并掌握相应的经济规律，有助于我们做出利于自己的决策，避免因违背规则而遭受损失。

经济学与生活

01 | 国际贸易：
进出口贸易给我们带来了什么？

姐妹两人在房间里玩，妈妈送来了一个大橙子。两姐妹开始讨论怎么分橙子，经过一番争执后，总算达成一致：姐姐切橙子，妹妹选橙子。就这样，按照商议的办法，她们各自得到了一半橙子。接着，姐姐剥掉了橙子皮，把果肉榨成了果汁；妹妹不爱吃橙子，把果肉扔掉了，把皮磨碎与面粉混合，制成了香橙蛋糕。

姐妹俩发现，这种分法不是很好，因为有一半的橙子被浪费掉了。两个人

> 我要榨果汁，需要橙子肉，可以把橙子皮给妹妹。

> 我喜欢果皮的味道，橙子肉可以给姐姐。

再次商议，今后可以各取所需。姐姐喜欢喝果汁，就把橙子皮给妹妹；妹妹想要果皮，就把橙子肉给姐姐。这样的话，两姐妹把果皮和果肉分开，既不浪费橙子，每个人还能得到自己想要的。

从经济学的角度来分析，姐妹俩分橙子的行为，其实就是贸易。如果这种情况发生在两个国家之间，就形成了国际贸易，即不同的国家和地区之间进行商品和劳务交换的活动，分进口和出口，因而也常常被称为进出口贸易。

国际贸易和国内贸易没什么大的不同，只是因为在不同国家和地区之间进行，容易受到国际政治、经济、双边关系等局势变化的影响。 对一个国家来说，国际贸易发挥着重要的作用，它可以调节各国市场的供求关系，增加国内短缺产品的市场供给量；促进生产要素的充分利用，让短缺生产要素的制约得以缓解或消除，充分利用富余的生产要素；各国参与国际贸易还可以发挥比较优势，提高生产率，获得更大的经济效益；还可以提高生产技术水平，优化国内产业结构，提高国民福利水平；等等。

任何事物都有两面性，国际贸易在给国家带来利益的同时，也伴随较高的风险。毕竟，国际贸易是一种世界范围的市场竞争，国家与国家之间经济发展不平衡，经常会出现"经济侵略"的情况，即发达国家凭借雄厚的经济实力，不考虑全局利益，继而让发展中国家遭受损失。近年来，国际贸易纠纷屡见不鲜，严重影响了国家某些行业的整体利益。

经济学与生活

02 | WTO：谁来调和国际贸易中的不公平事宜？

博鳌亚洲论坛原秘书长龙永图曾经做过一个有趣的比喻："一个大个子和一个小个子发生矛盾时，大个子喜欢把小个子拉到阴暗的角落里狠揍一顿，而小个子则希望把大个子拉到人多的地方，希望有人来主持公道。"在世界经济贸易中，如果出现了类似上述这样的不公平的现象或贸易争端，该怎么解决呢？又由谁来调和这些不公平的事宜呢？

世界贸易组织（World Trade Organization，简称WTO），就是那个主持公道的人。 WTO的前身是1947年订立的关税及贸易总协定，主要用于商品货物贸易；1996年1月1日，WTO正式取代关贸总协定临时机构，它涵盖的面比较宽，包括货物贸易、服务贸易和知识产权贸易。目前，WTO的贸易量已经占世界贸易量的95%以上。

WTO的宗旨是促进经济和贸易发展，提高生活水平、保证充分就业、保障实际收入和有效需求的增长，根据可持续发展的目标合理利用世界资源，扩大商品生产与服务，达成互利互惠的协议，大幅度削减和取消关税及其他贸易壁垒，消除国际贸易中的歧视待遇。可以说，WTO对于世界贸易发展，发挥着不可小觑的作用。

第一，WTO可以促进世界范围的贸易自由化和经济全球化，通过关税与贸易协定大幅度降低全世界的关税水平；第二，让传统的贸易政策措施得到改善，让世界贸易进入协商管理时代，各国的贸易政策都以"双赢"为基础，贸易保护和贸易制裁的作用与含义也发生了变化；第三，让世界市场的竞争方式和竞争手段发生了改变，让世界市场的竞争变得更加有序，国际大市场的价值规律也得到更加有效的发挥。

2001年12月11日，中国正式成为世界贸易组织成员，这一路的入世经历着实不易。入世后的中国，面临的挑战比过去更大，特别是出口企业，唯有深入了解WTO的基本知识和规则，构建快速反应机制，才能更好地在世界贸易与竞争中摆脱不利局面，获得更好的发展。

经济学与生活

03 | 汇率：
国际贸易中的调节杠杆

在美国和墨西哥边界的小镇上，住着一个流浪汉。

有一天，流浪汉在墨西哥一边的小镇上，付了1比索买了一杯啤酒。啤酒的价格是0.1比索，找回0.9比索。这个流浪汉是读过书的，他喝完这杯啤酒后，转身去了美国一边的小镇上。他知道，此时美元和比索的汇率是1∶0.9，也就是说，用0.9比索可以换1美元。之后，他用0.1美元买了一杯啤酒，找回0.9美元。回到墨西哥的小镇上，此时比索和美元的汇率是1∶0.9，于是他又把0.9美元换成1比索，再买啤酒喝。

就这样，流浪汉在两个小镇上兜来转去，总能有1美元或1比索，还能喝免费的啤酒，这样的日子流浪汉觉得惬意极了。

这是一个经济学小故事，不必去推敲它的真实性，最终的目的是让我们直观地理解汇率问题。所谓汇率，就是国家与国家之间兑换货币时的比率。如果把一个国家的货币视为商品的话，汇率就是买卖该国货币的价格。目前世界上的货币种类有很多，名称和币值都不一样，所以货币与货币之间兑换时要规定汇率。

那么，汇率的比价是怎么确定的呢？汇率比价是由国家之间规定的，但国家在制定汇率的时候，通常要根据利率来定，经济学上称为"利率平价理论"：一国利率提升，其他国家的资金就会涌向这个国家，使得这个国家的汇率上升；一个国家利率降低，本国的资金就会涌向其他国家，导致本国的汇率下降。

作为非专业的人士，我们不必去探究具体的计算方法，只要明白汇率的上下浮动对我们的实际生活有哪些影响就足够了。汇率上升，会引起利率上升；汇率下降，会引起利率下降，我们可以根据汇率的升降情况来制订自己的投资和消费计划。另外，汇率上升时，可以多安排境外游，此时同样的钱可以换回更多的外币；汇率下降时，少安排境外旅行或考察，多安排海外出口，这样能换回更多的人民币。

在国际贸易中，汇率充当着调节杠杆的角色。任何一个国家生产的商品，都是根据本国货币来进行成本计算的。换句话说，汇率的高低直接影响着商品在国际市场上的成本与价格，也影响着商品的国际竞争力。

2008年4月10日，中国外汇交易中心经中国人民银行授权公布信息：人民币对美元汇率"破7"，比价为6.992∶1。这就意味着，一件价值100元的商品，如果美元对人民币的汇率是8.25，这件商品在国际市场上的价格就是12.12美元；如果按照汇率比6.992计算，这件商品在国际市场上的价格就是14.3美元。显而易见，商品的价格低，市场竞争力就强，这类商品的出口量就会提高；反之，商品的价格高，市场竞争力就会降低，出口也会受到制约。

正因为此，许多国家和地区实行相对稳定的货币汇率政策。不过，要维持汇率稳定并不容易，因为汇率受到多方面因素的影响，如国内外利率差异、通货膨胀、失业率、国际贸易收支、黄金价格等。总之，汇率的变化会为进出口贸易带来大范围波动，我们应当对其有一个客观的认识，趋利避害，才能维持国际贸易的正常发展。

04 | 巨无霸指数：
测量两种货币的汇率是否合理

提到巨无霸汉堡，我们都知道，这是麦当劳的一款经典汉堡。然而，在经济学中，巨无霸汉堡也有着重要意义。1986年，英国著名杂志《经济学人》提出了一个用于测量两种货币的汇率在理论上是否合适的非正式的经济学指数，名字就叫"巨无霸指数"。

为什么要叫"巨无霸指数"呢？

如果一个麦当劳巨无霸汉堡在美国的价格是4美元，在英国是3英镑，那么经济学家认为，美元与英镑的购买力平价汇率就是4美元=3英镑。如果一个麦当劳巨无霸汉堡在美国的价格是2.54美元，在英国是1.99英镑，在欧元区是2.54欧元，在中国是9.9元，那么经济学家认为，人民币是世界上币值被低估最多的货币。

依照一物一价定律，相同的商品在全世界应当有相同的价格。如果巨无霸指数＞1，就说明这个国家麦当劳的价格比美国低，反之就比美国高。从汇率的角度来说，就是这个国家货币的汇率被低估了，或者美元的汇率被高估了。在一些西方经济学家看来，麦当劳的巨无霸汉堡就是评估一种货币真实价值的指数。

自1986年以后，《经济学人》每年都会发布一次全新的"巨无霸指数"，用其来测量各个国家的货币购买力。不过，经济学家对于这一指数的科学性存在争议，因为这种测量方法假定购买力平价理论成立，而购买力平价理论是否

经济学与生活

真的成立，目前暂无定论。

购买力平价理论认为，人们对外国货币的需求是因为用它可以购买外国的商品和劳务，外国人需要本国货币也是因为用它能够购买国内的商品和劳务。所以，本国货币与外国货币交换，就相当于用本国与外国购买力进行交换。正因为此，汇率就成了两种货币购买力比率的决定因素。由于购买力是一般物价水平的倒数，所以两国之间的货币汇率也可以用两国物价水平之比来表示，这就是购买力平价理论。

购买力平价理论，采用的是一种根据各个国家不同的价格水平计算出来的货币之间的等值系数，可以让我们对各国的国内生产总值进行合理的比价。但是，这种理论汇率与实际汇率一样吗？很多时候，两者存在较大的差距。根据一物一价定律，相同的商品在全世界的价格都应当是相同的，所以购买力评价理论认为，在对外贸易平衡的情况下，两国之间的汇率会趋向于靠拢购买力平价。

有些不认同该理论的经济学家认为，假设所有国家商品价格相等是错误的，不同国家的人对于同一种商品的估价是不一样的。比如，有些商品在某个国家属于奢侈品，而在另一个国家就是日常用品，然而购买力平价理论却没有考虑到这一点。汇率表示本国货币在另一个国家的购买力，而购买力平价汇率与能够在另一个国家购买多少东西是没有关系的。而且，从统计学上来说，购买力平价也有一定的欺骗性，因为可以通过筛选的方式用某些商品来获得对自己国家有利或不利的结果。

无论怎样，购买力平价理论自诞生后，在理论和实践上都发挥出重要的作用，并成为最重要的汇率理论之一。两个国家货币的购买力可以决定两国货币汇率，是从货币所代表的价值层面去分析汇率的，这个方向是正确的。因此，两国货币兑换的汇率，可以在某种程度上通过两国货币购买力之比体现出来。在不考虑短期内影响汇率波动的因素的情况下，从长期来看，汇率的走势与购买力平价的趋势基本上是一致的。

经济学与生活

05 | 热钱：
疯狂地涌入，大规模地撤离

社会心理学告诉我们，从众效应广泛存在。在资本市场中，人们也会受到从众效应的影响，当购买一件商品的人变多了，人们对它的偏爱也会增加。以股票来说，如果某只股票有很多人在买，那么买它的人会越来越多。所以，在证券交易市场，从众效应会使某一证券在短时间内提升到一个不合理的水平，而这些短期内推动证券大幅上涨的资本，叫作"热钱"。

热钱，也称为投机性短期资本。在国际金融市场上，它流动迅速，目的是以最低的风险换取最高的报酬。可以说，热钱在全球金融市场运动的最终目的就是获取高风险利润。热钱具有高流动性和短期性，甚至超短期性，可以在一天或一周内迅速进出；它对国家经济政策或世界金融现状和趋势非常敏感；热钱是一种投资资金，从证券和货币的每日、每小时、每分钟的价格波动中赚取利润，但热钱的投资既不能创造就业，也无法提供服务，有很强的虚拟性、投机性和破坏性。

热钱所具有的短期、套利和投机的特点，使得它成为诱发市场动荡乃至金融危机的重要因素。泰国曾经在1997年奉行"高利率"政策，吸引了大量热钱涌入，可当泰铢贬值后，热钱迅速逃离，泰国的经济随之陷入崩溃之地。

这就是为什么说人民币升值并不一定是好事，这会加快热钱的进入速度。过多热钱进入中国，会放大市场的流动性，造成流动性过剩。当货币供给越来越多，通货膨胀的压力就会加大。同时，大量的热钱涌入，还会给就业带来困扰。许多外国企业纷纷到中国开办工厂，尽管会出现活跃中国经济的现象，但就本质而言，是为了赚取更多的利润。一旦人民币升值的幅度威胁到外国企业的利益，这些外国企业就可能撤资，去寻找更加廉价的劳动力市场，因为在外国企业中，人员工资等费用是以人民币结算的。这样的结果对于中国产品的出口也会产生不利影响。在汇率的影响下，你的东西在国际市场上价格高了，竞争力就下降了。大量热钱的涌入，还会加大外汇占款规模，影响货币政策的正常操作。

　　就我国而言，要防止热钱的大量涌入，需要加强对资本流入的监管，尤其是对短期投机资本的监管；还要保持宏观经济的稳定和政策的相对连续性，以使得资本流动可持续；另外还要保持汇率安排具有一定的灵活性。

06 | 顺差与逆差：
动态良性的平衡才是安全的

美国投资大师巴菲特讲过一个生动的故事：从前有两个海岛，一个叫勤俭岛，一个叫挥霍岛。勤俭岛的居民每天都很勤劳，努力干活，生产出大量的食物。这些食物不仅可以满足岛上居民的需要，还能出口到挥霍岛。挥霍岛的居民比较懒散，平日不爱劳作，只热衷于消费。他们从勤俭岛进口食物，用本岛发行的债券作为交换。日复一日，年复一年，勤俭岛上的居民积累了大量挥霍岛的债券，并用它们购买了挥霍岛的土地，最后将挥霍岛据为己有。

在这个故事中，两个小岛就相当于两个国家，他们之间展开的生意往来就是国际贸易。在进行贸易的过程中，勤俭岛处于明显的顺差地位，挥霍岛处于明显的逆差地位。故事借助挥霍岛的存亡，生动地讲述了贸易逆差给一个国家带来的灾难。

在经济学中，贸易顺差是指在特定年度一国出口贸易总额大于进口贸易总额，表示该国在当年国际贸易中处于有利地位；贸易逆差是指一国在一定时期内，如一年、半年、一季度、一月，进口贸易总额大于出口总额，表明一国的外汇储备减少，该国商品的国际竞争力较弱，该国在当年国际贸易中处于不利地位；如果出口总额与进口总额相当，则称为贸易平衡。

通常来说，贸易出口大于贸易进口的顺差，可以提供大量的就业机会，让更多人参与到生产出口产品的劳动中。反之，贸易进口大于贸易出口的逆差，则会影响一个国家的国民经济，所以各国政府都在极力避免这样的情况发生。

CHAPTER 6
世界需要贸易，贸易是战争的替代

顺差好还是逆差好？

　　那么，这是不是说，贸易顺差越大越好呢？不尽然，事物还是要一分为二来看。

　　过高的贸易顺差存在一定的危险，它往往意味着本国经济的增长主要依赖于外部需求，对外依存度过高，抵御风险能力低。一旦外部需求降低，本国经济就会遭受致命的打击。同时，贸易顺差过大会导致外汇储备膨胀，给人民币带来升值压力，也给国际上贸易保护主义势力以口实，认为巨额顺差反映的是人民币被低估。

　　所以说，在国际贸易中，顺差不是越大越好，外汇储备也不是越多越好。这就好比大自然中的新陈代谢，只有处于动态的、良性的平衡之中，生命才是最健康、最安全的。

经济学与生活

07 商品倾销：
不正常的竞争，人为的低价销售

我们经常会听到"倾销"这两个字，到底什么是商品倾销呢？

所谓商品倾销，就是在正常的贸易过程中，一种产品以低于正常的价格进入另一国的商业渠道，该产品就被认为是倾销。简单来说，企业以低于正常价格的出口价格，持续大量地向国外出售商品，打击竞争者以占领市场。

商品倾销主要有三种情况。

第一，偶然性倾销。某商品销售旺季已过，或公司改营其他业务，将剩余产品销售到国外，这种倾销持续时间短，数量不多。

第二，间歇性倾销。某商品以低于国内价格出售，但出口价格高于生产成本，采用大规模经济扩大生产，降低成本，以打击竞争对手，形成垄断，获取高额的利润。

第三，长期性倾销。某种商品无期限地、持续性地以低于国内市场的价格在国外市场销售，这种倾销通常会遭到各国的强烈反对。

倾销是一种人为的低价销售措施，其动机和目的多种多样，有的是为了销售剩余产品，有的是为了争夺国际市场，扩大出口。总之，这是一种不公平竞争行为，会给进口方的经济或生产者的利益造成损害。正因为此，反倾销应运而生。

反倾销是世贸组织承认的用以抵制不公平国际贸易行为的一种措施。为了制止倾销而采取反倾销措施是合情合理的，但如果反倾销措施超出了合理的范围和限度，就会变成一种贸易保护主义措施，比如：武断地认为原本不存在倾销的商品为倾销商品，或是无根据地夸大倾销幅度，等等，这些都会阻碍正常进口贸易的进行。对于中国的出口企业来说，积极应对反倾销是必然的举措，同时也要做好充分的准备，合理运用世界贸易组织的《反倾销协议》等条例，通过调解争端的机制维护自己的利益。

经济学与生活

08 贸易补贴：为什么美国农民乐得逍遥？

一位美国农民到中国旅游，看到中国农民站在路边愁眉苦脸，旁边的车上装满了白菜。美国农民不解，这么好的收成，有什么不开心的呢？于是，就走过去询问。中国农民告诉他，白菜卖不出去，要赔钱了。美国农民露出一脸的疑惑，做农民怎么还会赔钱？他在美国种植农作物多年，这次出来旅游就是因为刚卖了农作物，赚到了不少钱，才有了出游的经费。

同样都是农民，为什么美国农民无法理解中国农民菜卖不出去会赔钱的苦恼呢？这是因为，美国的农业劳动力在总就业人口中所占的比例不足3%，而这少量的农民却能够养活美国3亿多人口，并让美国成为世界上最大的农产品出国口。这种乐观的形势不仅仅和美国的农业体制及先进科技有关，还与美国政府长期以来实行的农业补贴政策有关。

这里涉及贸易补贴的问题，它是指一个国家的政府或公共机构，直接或间接地向本国出口企业提供现金补贴，或是财政上的优惠。对美国的农民来说，无论他们在地上种植的农作物是什么，都无须担心卖不出去，更不用担心因自然灾害造成减产绝收，因为他们的身后有一个强大的保障，那就是美国的农业补贴。统计数据显示，平均每100美元的农业产值中，就有20~30美元的农业补贴。美国农业补贴的条款适用范围很广，基本覆盖了所有的大宗产品。所以，美国农民自然乐得逍遥，因为补贴政策给他们吃了一颗"定心丸"。

美国给农民提供了补贴，自然就让美国农产品在国际贸易中的竞争力大大提升。可是从另一个角度来说，贸易补贴也会导致外国同类企业遭受负面影响，引发不公平的贸易竞争。正因为此，国际贸易中有关贸易补贴的争执时常发生，从未停止过。因为这种补贴政策在国际贸易体系中，着实会给其他国家带来不公平。

为了减少一国贸易补贴对其他国家造成的负面影响，WTO规定了一项贸易救济措施，即反补贴。所谓反补贴，是指一国反倾销调查机关实施与执行反补贴法规的行为与过程。这里说的补贴，是指一国政府或任何公共机构向本国的生产者或出口经营者提供的资金或财政上的优惠政策，使其产品在国际市场上比没有享受补贴的同类产品更有竞争优势。

经济学与生活

09 | 国民待遇：国内外的公民，享受同等的待遇

所谓国民待遇，也称为平等待遇，是指一个国家给予其国境内的外国公民、企业和商船在民事权利上，与其国内公民、企业、商船同等的待遇。这个国民待遇是非政治性的，专指外国自然人、法人、商船等在民商事方面的待遇，通过国内立法和国际条约加以规定，被各国普遍确认和接受。

国民待遇是对最惠国待遇的一项有益补充。在世贸组织中的所有成员都实行平等待遇的基础上，世贸组织成员的商品或服务进入另一成员领土后，也应当享受与该国的商品或服务相同的待遇。这也体现了世贸组织非歧视贸易原则，即外国商品或服务与进口国国内商品或服务享受平等待遇的原则。

需要说明的是，赋予外国人在民事实体权利方面完全等同，只是在法律意义上大致平等，其限制是非常严格的，也体现了对等互惠的原则。比如，1811年的《奥地利普通民法典》第13条规定："外国人享有与国内人同样之权利，须经证明其本国亦准予奥国民享有同一之权利。"通俗解释，外国人享有和国内人同样的权利，先决条件是奥地利公民在该国时也能获得和该国公民一样的权利。

世界贸易组织以及原关贸总协定，恰恰是以国际条约、协定的方式规定其缔约方之间给予国民待遇的。国民待遇原则，不仅仅适用于货物贸易，也包括服务贸易、知识产权保护、与贸易相关的投资等。

CHAPTER 6
世界需要贸易，贸易是战争的替代

10 | 比较利益：
任何一个国家都有相对优势

英国古典经济学家亚当·斯密在《国富论》中阐述了"看不见之手"机制。他认为，在市场经济中，受利益的驱使，社会各经济主体按照自己的特长进行分工，进行专业化生产，然后通过市场进行交易，从而在总体上实现社会福利最大化。然而，当交易活动越出了本国范围，国际分工和国际贸易就出现了。

亚当·斯密的这一理论，被称为绝对优势理论。这一理论解决了国际贸易生产的重要动因，可它无法解释一个问题：如果一个国家在任何商品生产上都没有绝对优势，那么这个国家还能不能参与上述国家分工呢？

另一位英国古典经济学家大卫·李嘉图，提出了相对优势理论，对这个问题进行了解答。他认为，无论一个国家的经济处于什么样的状态，经济实力是强还是弱，技术水平是高还是低，都能够确定各自的相对优势。哪怕在总体上处于劣势，也可以从众多劣势中找到相对优势。这一相对优势理论回答了亚当·斯密绝对优势理论无法回答的问题。

相对优势理论认为，各个国家的资源禀赋存在差异，有的劳动资源丰富，有的自然资源丰富，还有的资本资源丰富，各个国家分工生产使用本国最丰富的生产要素的产品，经过国际贸易，各国都可以获得最大福利。

如果某个国家的某一商品生产比另一个国家耗费的劳动较少，那就应该集中力量生产这一商品，而避免在其耗费较多的另一种产品上浪费精力和资源。

经济学与生活

在对外贸易中，一个国家在比较利益原则下，应当生产和销售自己成本较低、获利较大的商品或劳务。近年来，我国也开始注意并宣传在对外贸易和其他方面的经营中，运用比较利益的原则。

CHAPTER 6
世界需要贸易，贸易是战争的替代

11 回荡效应：
一个地区的发展导致另一个地区的衰落

回荡效应，是瑞典经济学家、诺贝尔经济学奖获得者缪尔达尔在《富裕国家与贫穷国家》一书中提出的概念，是循环累积因果关系对地区经济发展产生的效应之一。

缪尔达尔发现，**一个国家某一地区的发展，受人口流动、资本流动、贸易等多种因素影响，会导致别的地区的衰落**。这是因为经济活动上升的地区，会吸引其他地区的年轻人，这种人口流动对经济活跃的地区有利，而对其他地区不利。资本的流动，也呈现出上述的情形。在一些经济比较发达的地区，由于需求不断地增加，对该地区的投资也会增长，这就意味着其他地区的投资会呈现出不足或发展迟滞。

当他把这一原理运用到国际贸易领域时，发现各个国家之间也存在类似的情况。西方经济学一贯宣扬的自由贸易原理，事实上唯有在双方工业化水平大致相当的条件下，才是彼此互利的可行原理。不然的话，就会加剧两国利益的不平衡，让发达国家与贫穷国家的发展分别呈现出上升的拓展效应和下降的回荡效应。

之所以会出现这样的情形，缪尔达尔给出的解释是这样的：发达国家的先进工业品的出口，使得该国的工业得到了进一步的提升，劳动力从农业及其他低端的工业部门流向高端的工业部门。随着对技术人员需求的增加，教育水平随之提高，文化也得到进一步发展，这就反过来又促进了经济和社会的进步，产生了拓展效应。

对于贫穷的不发达国家来说，进口先进工业品的结果，是让该国相对应的工业生产部门因无力竞争而日渐衰落，导致对技术人员的需求下降，大部分国民的生活水平和教育水平都无法提高，文化也相对落后，这就进一步阻碍了经济和社会的发展，产生了回荡效应。

对贫穷的不发达国家来说，如何才能摆脱回荡效应呢？

缪尔达尔的建议是，必须独立策划自己的发展道路，不能简单地模仿发达国家，同时还要采取贸易保护措施，制订经济计划，干预市场活动，促进社会积累过程的上升运动。

CHAPTER 7

以经济学的思维，重新审视管理

　　如何在激烈的竞争中生存和发展，是所有企业管理者时刻关注的课题。只有在最短的时间内，让企业创造最大的价值，才能实现利润最大化，这是可持续发展的根基。然而，要打造长青的基业，仅靠管理者个人的力量是不够的，还需要打造铁军团队，实现卓有成效的管理，借助团队的力量去完成战略目标。

经济学与生活

01 | 人才经济学：
珍惜供不应求的稀缺资源

不少朋友都知道"萧何月下追韩信"的典故：韩信原本是项羽的部下，有勇有谋，无奈不得重用。于是，韩信决定投奔刘邦，但一开始也没有得到重用，只是当了一个小军官。

一次偶然的机会，萧何认识了韩信，在接触的过程中发现他有胆有识，是不可多得的人才，于是多次向刘邦举荐，可还是没有引起刘邦的重视。

韩信有点儿气馁了，认为自己不可能受到重用，就连夜离开了汉营。萧何听闻后，心急如焚，来不及禀报刘邦，就跳上战马连夜去追，结果追了两天才把韩信给追回来。刘邦知道后，非常生气，认为萧何小题大做。萧何向刘邦力荐韩信，称他是汉王争夺天下不可或缺的大将之才，应当重用。刘邦采纳了萧何的建议，自此，文依萧何，武靠韩信，夺得了天下。

透过这个典故，我们不难看出，萧何十分清楚人才的重要性，而刘邦之所以能够夺得天下，也是因为有了人才的辅助。随着时代的发展，企业对人才的重视已经上升到了"人才经济学"的高度。那么，到底什么样的人可以称为人才呢？

简单来说，人才就是指那些德才兼备，有一定文化素质，掌握一定科学技术专长的人。他们是劳动者中的一部分，却又不同于一般劳动者，因为人才具有特殊的和专业的高质量、高素养、高能量，在劳动力的总体中位居较高或最高层次。

CHAPTER 7
以经济学的思维，重新审视管理

> 有人才，
> 企业才有未来！

　　从经济学的视角来看，人才属于生产要素之一，在市场上具有商品性。人才是市场需求的产物，其价值由供求关系决定，但人才不同于其他要素。其他要素可以通过经济发展和科技进步而实现供求平衡，或是供大于求；**人才是先进科技的开发者，永远是供不应求的，也是一种稀缺资源，始终处于买方市场。**

　　人才属于生产要素，并具有商品性，这就意味着人才有一定的价格。每个企业在雇用人才时，都必须给出价格。只是，由于人才的价值很难在当下就体现出来，因而导致其本身的定价难以预计。所以，在价格的问题上，企业不妨选择以技术入股、期权等方式，把报酬与效益结合起来，让买卖双方都不吃亏，从而降低市场风险。

　　企业雇用人才，是一件高成本、高效益、高风险的事。特别是核心技术人才，一旦出现了"跳槽"的情况，就会给企业造成很大的成本损失。如果是"跳槽"到竞争对手那里，还会给企业带来巨大的风险。所以说，人才的投入产出比，与一般商品是不太一样的，它是非线性的。所以，企业不仅要懂得招揽人才，还得懂得留住人才。

人才商品有特殊性，要根据地区差异、企业差异制订不同的对策。然而，所有的对策都不能脱离一个中心，那就是以人为本，以价值规律对待人才的同时，还要从人文角度予以其充分的尊重，并能够吸引人才。比如，企业要设置优秀的激励机制，对那些给企业提出合理建议、做出技术创新的员工，提供相应的报酬，或是实行年薪制度；为人才提供良好的发展环境和充足的培训机会，让员工可以提升自身技能，调动员工的积极性，加深人才对企业的归属感。总而言之，企业在对待人才这件事情上，既要遵循市场规律，也要注重人文方面，让人才与企业相互成就。

02 | 奥卡姆剃刀：管得越少，成效越好

"奥卡姆剃刀原理"，是由14世纪英格兰圣方济各会修士威廉提出来的一个原理，强调切勿浪费较多东西去做用较少的东西同样可以做好的事情，要保持事情的简单性，抓住根本，解决实质。这一原理，后来在众多领域都得到了应用。

在讲求高效能的时代，企业管理者在制订决策时，要力争摒弃复杂烦琐的东西，用最简单的方法、平常的东西解决最复杂的问题。正如管理大师杰克·韦尔奇所说："越是简单化的管理，越能实现较高效率，越能体现创造与智慧。"

经济学与生活

一家有名的日用品公司，换了一条非常先进的包装流水线，但不久后就收到了很多客户的投诉，他们抱怨自己买的香皂盒是空的，根本没有香皂。这件事情立刻引起了公司的重视，老板亲自召开会议，要求大家集思广益解决这个问题。

有人说，加强人工检查，把每一个装完的盒子拿起来，试一下重量。但经过实验，发现这种方法效率太低，且无法保证所有的盒子都装了香皂，公司还要花费部分人工成本。后来，他们请来一个由自动化、机械、机电一体化等专业的博士组成的专业小组来帮忙解决问题。专业小组的效率很高，用了很短的时间就在装配线上安装了全自动的X光透射检查线，透射检查所有在装配线尽头等待装箱的香皂盒，如果有空的就用机械臂取走。

问题的确解决了，大部分的空香皂盒都被取了出来，可是公司在邀请专业小组和装备新检查机械方面却花费了高额的成本。

反观另一家生产日用品的小公司，在引进了这套包装流水线后，也遇到了同样的问题。老板吩咐流水线上的工人，务必想出一个解决策略来。有一个小工很快就想到了办法，他向公司申请买了一个有强大风力的电扇，把它放在装配线的尽头去吹每一个肥皂盒，如果肥皂盒是空的，就会被吹走，这种方法既简单又有效。

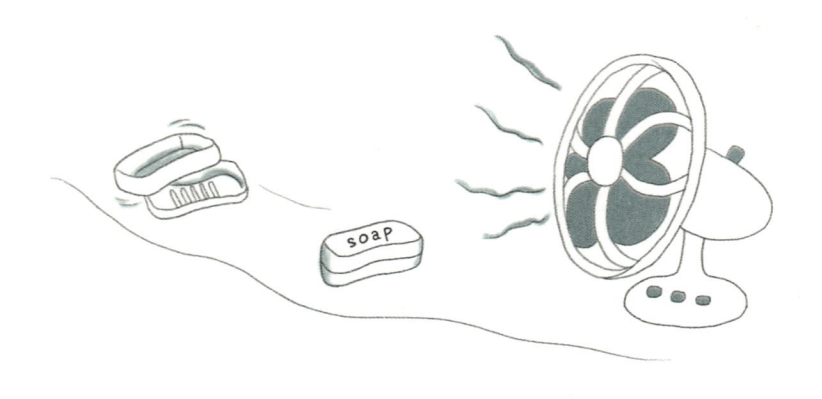

同样的问题，一个花费了高额的成本、大量的人工，另一个却只用一台简单的风扇就把问题解决了。前者动用了知识渊博的专业人士，后者就是一个普通的工人想出的点子。

美国贸易委员会主席唐纳德在《提高生产率》一书中，提出了提高效率的"三原则"："为了提高效率，每做一件事情时，都应该先问三个'能不能'：能不能取消它？能不能把它与别的事情合并起来做？能不能用更简便的方法来取代它？"

追求简单，事情就会变得越来越容易。反之，任何事都会对我们产生威胁，让我们感到棘手，精力与热情也跟着下降。总而言之，避免冗繁，是企业实现高效率的重要途径。

经济学与生活

03 | 成本控制：
为何沃尔玛的东西这么便宜？

沃尔玛是美国的一家大型连锁企业，由美国最庞大的家族之一——沃尔顿家族掌控。

1951年，山姆·沃尔顿开了第一家沃尔玛超市。山姆·沃尔顿出生在一个贫困的家庭，但他为人勤奋，即便后来变得很富有，依然坚持亲自种田，自给自足。一直以来，他都坚持着这样的理念：沃尔玛超市里的每一种商品，都要比其他的超市便宜。

在传统零售行业，要让每一件商品都保持低价是不容易的，那么沃尔玛是怎么做到的呢？其实，没有什么高深莫测的策略，就是在各个环节节省成本，

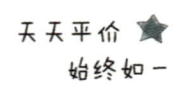

用这样的方式让商品保持低价。正是"天天平价"的这一理念，让沃尔玛的门店不断扩张，蔓延到全球27个国家，共拥有1万多家商场，240多万员工，满足2亿人次消费者的需求。

沃尔玛连锁复制的是"天天平价，始终如一"的理念。它苛刻地挑选供应商，顽强地讨价还价，以尽可能低的价位从厂家采购商品；另一方面，它又实行高度节约化经营，处处精打细算，降低成本和各项费用支出。

利润是企业赖以生存的生命线，也是发展壮大的重要根基。沃尔玛的成功提醒着众多企业，**想要增加利润，成本控制必不可少**。企业在经营的过程中，几乎处处都涉及资源的消耗与费用的支出，如果同类产品在性能和质量上相差无几，那么决定产品竞争力的主要因素就是价格，而决定产品价格高低的主要因素则是成本。换句话说，只有降低了成本，才有可能降低产品的价格，把实惠带给企业的客户。

在这个微利的时代，企业想要更好地发展，创造出高利，获得可持续发展，控制成本是必不可少的功课。这一理念要从管理者自身开始贯彻和执行，最后让每位员工都关注并实践节约精神，从身边的小事做起，在保证质量的基础上，节约每一分资源，控制每一项成本，力求把资源用在刀刃上，从而提高效益，增加利润。

经济学与生活

04 | 规模不经济：
盲目扩张的尽头是短命

19世纪末，英国经济学家马歇尔提出了一个理论：高效大型机器设备的广泛应用，必然会导致企业规模扩大，企业生产规模的扩大，有利于企业使用更先进的技术，实行更精细的分工、协作并进行专业化生产，也有利于企业产品零部件的标准化、通用化，生产经营的联合化和多样化。大量销售、大量采购以及对产品进行综合利用等各方面因素的充分发挥，就会产生规模效应，也称为"规模经济"。

生产任何东西都需要成本，包括固定成本和可变成本。要实现盈利，就要让销售收入大于生产成本。我们知道，固定成本是不变的，所以生产得越多，分摊到单个产品中的固定成本就越少，盈利也越大。那么，按照这一思路来设想，是不是规模越大，经济效益就越好呢？

答案是否定的！规模经济，通常都发生在初始阶段，当生产扩张到一定规模以后，再继续扩大生产规模，经济效益就不会再提升了，而是会下降，这叫作规模不经济。

原因在于，企业规模扩大后，对外与市场协调的成本增高，内部运行机制的协调难度增大，管理和指挥也变得复杂，信息传递的速度减缓，管理效率下降，边际收益也会下降，甚至变成负数。简单来说，企业规模扩大了，内部结构变得复杂了，这种复杂需要耗费更多的能量和资源，抵消了规模扩大带来的好处，所以就无法提升效益了。

对企业管理者而言，认识到"规模不经济"这一问题至关重要，这样才能避免因最初看到规模效益就实行盲目的、无限度的扩张。相对理性的处理方式是，结合各种生产要素，即劳动、资本、自然资源等，实现最佳规模的产出。

格兰仕公司在这方面做得就比较好，可以为企业提供借鉴：在企业发展初期，格兰仕坚持微波炉的专业化生产。到20世纪末，格兰仕公司已成为世界微波炉第一大生产商。然而，格兰仕公司的生产极限是1200万台，按照当时的速度，不超过两年就会出现微波炉饱和的局面。所以说，微波炉这一产品，已经接近了规模的平衡点，当时全世界的消费能力也就是1500万台，再扩大生产的话，就会出现规模不经济的情况。在这样的局面下，格兰仕开始实行多元化发展策略，斥资20亿强势进军冰箱、空调制冷业，达到了800万台空调的年生产能力，成功地从专业化走向了多元化。

对企业而言，实现经济效益和利润最大化是根本目标，规模只是实现这一目标的手段，单纯地在规模运营上膨胀未必能够提升企业的盈利能力。企业管理者要根据各种影响因素进行权衡，找到一个最适合企业的规模，这样才是最经济的选择。

经济学与生活

05 | 利己与利他：
以利他人之心，换取利己之物

经济学家亚当·斯密认为，"利己心"可以说明一切经济生活的活动与规律。他认为，利己是人的本性，人们凡事都会从自身利益出发采取相应的策略，且人们都有"交换倾向"，以利他人之物来换取利己之物。但是，满足"利己心"的途径必须是经济自由，自由经营、自由贸易、自由竞争。如果每个人都想着让自己的产品实现最大价值，那么"利己"行为的结果就是资本的最大利润。

就企业而言，其经营和发展都要围绕客户展开，唯有达到利人利己，才能创造财富。这完全符合经济学中谈到的"理性人"的基本假设：在市场经济中，每个人都在为追求自己的利益最大化而活动。如果一方把利益占尽，另一方势必会选择退出这场利益博弈的游戏，从而终止活动。

做生意不是一场零和博弈的游戏，而是一场能够获得双赢的交易。企业获得利润，客户获得心仪的产品或服务，只有这样的关系，才能持久。从这个角度来说，企业经营者和管理者都要具备双赢的思想，不能把做生意当成一种角斗，只顾追逐自己的利益最大化，而是要兼顾客户的利益，让双方都能获利。

收藏家马未都是一个很重视双赢的人，他说："若是我看中了一件藏品，卖家出价12万，虽然我知道8万就能买下来，但我还是会还价10万，会让对方有钱赚。这样他们就会说：'马未都这人好，总能让我赚钱，有古董了，我要先给他看。'若是你让人说：'马未都这人一分钱也不让我赚，我卖谁也不卖

> 利他其实是在利己！

给他。'那你就完了。谁坚持让人家有钱赚，人家就会想着谁，这就是双赢的好处，可赢得持续发展的机会。"

　　你要让客户得到他应得的利益，才能将产品顺利地销售出去。如果心里只想着自己的利益，路会越走越窄，甚至最后无路可走。做生意的终极目标，不是单纯地把货卖出去，而是让双方都成为交易中的赢家。

经济学与生活

06 | 路径依赖：
横在变革路上的绊脚石

经济学上有一个理论叫"路径依赖"，是美国经济学家道格拉斯·诺思提出来的。路径依赖指的是，一种制度一旦形成，不管是否有效，都会在一定时期内持续存在并影响其后的制度选择，就好像进入一种特定的"路径"，制度变迁只能按照这种路径走下去。"路径依赖"理论成功地阐释了经济制度的演变规律，道格拉斯·诺思也因此获得了1993年的诺贝尔经济学奖。

在现实生活中，路径依赖的情况屡见不鲜，因循守旧就是最常见的。路径依赖有点像物理学上的"惯性"，一旦选择进入某一路径，无论是好是坏，都可能对这种路径产生依赖。当前，有不少传统企业陷于"活不了，又死不起"的困局中，阻碍它们打破僵局的一个很重要的因素，就是习惯把优质的人才和资源配置在过去的事情上去，企图通过追加投入挽救已经成为过去的事，或是让过去的事重获新生。有些企业很喜欢讲"二次创业"，可这种"老瓶装新酒"的做法，很难让企业彻底摆脱衰败的命运。

这种经营惯性，其实就是一种路径依赖，而路径依赖的本质是能力依赖。当严峻的外部环境逼迫企业走出舒适区时，许多企业已经积重难返了。不能适应新环境，不能丢下过去的玩法，不能抛弃让自己沾沾自喜的制造能力，不能远离那些假大虚空的口号，不能把自己"归零"，就很难客观地、理性地看待市场变化，看待自身的问题，看清未来的趋势，最终的结果自然就是，很难找到破局的出路。

企业想实现可持续发展，一定要有"归零"的心态，敢于"革自己的命"。如果市场环境不变，过去的经验就是可行的；如果环境不断变化，企业的经营管理体系就要与时俱进地进行调整，一定要从"后知后觉"转变成"先知先觉"。

经济学与生活

07 | 蓝海战略：
别只顾着打败竞争对手

  1960年以前，美国摩托车市场被英国BSA公司、美国盛励公司、美国诺顿公司等几大巨头垄断。在小型摩托车市场上，美国产库什曼摩托车占市场总份额的85%，这种摩托车曾经是二战期间的战时用车。当时，美国摩托车市场的规模并不大，骑行的人主要是军人、警察、摩托车爱好者，以及社会上的一些不良青年。从市场调研和咨询建议的角度来说，美国的摩托车市场实在没有什么投资的价值。

然而，有一家公司却偏偏认准了别人都不太看好的美国摩托车市场，它就是日本的本田公司。在消费者定位上，他们考虑的并不是那些已经拥有摩托车的人，而是那些之前从来没有想过要买摩托车的人。针对这一定位，本田开始了设计研发的工作。之后，他们就在美国推出了自己的第一款产品：一种体积小、重量轻的小型摩托车。

没想到，本田的这一战略竟像美梦成真了一样，它打开了美国的摩托车新市场，打响了自己的品牌。之后，川崎、雅马哈、哈雷等公司相继看上了这一领域，纷纷加入竞争的行列，并投入了昂贵的营销经费，但它们最终还是没能胜过本田。因为，本田通过细分市场的策略，打开了新的蓝海，创造了很高的经济壁垒和品牌认知壁垒，后来在同质化产品大量涌出的时期，它又以成本优势超越了其他竞争对手。

正如《蓝海战略》一书中所讲，经济活动有两种形态：其一，在既定的产业边界内进行同质化的血性竞争，称为红海战略；其二，以客户为导向，避免竞争，打破既定边界，开发新的市场空间，称为蓝海战略。企业要想做市场经济的常青树，不能靠与对手竞争，而是要创造需求，开发新的产业边界，以开创蓝海走上增长之路。

打开蓝海市场的开拓者，不但能够占据消费者心目中第一的位置，还很容易成为行业游戏规则的制定者。苹果公司就是采用蓝海战略的一个典型代表，它曾经是一家PC厂商，通过一系列的蓝海战略行动，以一个市场新入者的身份推出了iPod、iPhone、iPad等产品，让在红海市场中遥遥领先的索尼、诺基亚都屈居它之后，苹果不仅实现了自身的盈利，还让日渐衰落的消费电子行业重新崛起。

在实践的过程中，有些企业管理者受限于自身的经验背景和既有知识，经常以旧的概念来解读蓝海战略，比如将其与开发新技术等同，或是把蓝海战略和差异化战略等同，或者认为蓝海的开创者必须是市场的先入者，等等。实际上，真正践行蓝海战略的基石是"价值创新"，既要压低成本，也要提升买方所获得的价值。

当雷克萨斯这一品牌刚刚进入美国加利福尼亚州时，一旦汽车出现了故障，厂商就会派直升飞机送专业人员到现场解决问题。雷克萨斯的产品在定价方面，比其他汽车奢侈品牌要低，但所提供的服务却更胜一筹，大大提升了客户价值。仅仅用了十几年的时间，雷克萨斯在北美地区的销量就超过了奔驰和宝马。

相比之下，在全球新经济形势和商业环境下，中国企业的管理者有着不可置疑的行动力，但在战略方面还存在很大的欠缺，特别是不太擅长利用价值创新。如果企业能够找寻到自身价值创新的正确道路，把胆识和战略相结合，必然能够开拓出具有可持续性的蓝海市场。

CHAPTER 8

保持理性思考，做复杂世界的明白人

经济学不是晦涩难懂的枯燥理论，它与我们的实际生活息息相关。如果静心去体会我们每天遇到的各种情况，会发现不少难解的问题都可以从经济学视角进行分析，从而获得启示。所以说，学习经济学不仅是掌握其中的某些理论，更重要的是学会用经济学的眼光看待问题，像经济学家一样思考，让自己更从容、更理性地处理问题。

经济学与生活

01 | 蘑菇原理：
新人的职场路该怎么走？

20世纪70年代，很多年轻人对于自己的工作不是很理解，并持有怀疑和轻视的态度。特别是那些年轻的电脑程序员，经常嘲笑自己"像蘑菇一样生活"。后来，这一说法就被用来形容很多组织对待新人的管理方法，即"蘑菇原理"。

刚踏进职场的新人，经常会面临这样的处境：像蘑菇一样被置于阴暗的角落，不被部门重视，只做一些打杂的活，到头来还要被浇灌一些"粪土"，无端地遭受指责和批评，或是替人背锅，得不到必要的指导与提携。他们原本踌躇满志，一心想要大展宏图，可现实的情景却跟理想中大相径庭。

其实，不必为此现状而愤愤不平，对于成长中的年轻人来说，蚕茧是羽化成蝶之前的一种磨炼。初入职场，没有任何工作经验，也不具备担当重任的能力，必须经过一段时间的磨砺，消除不切实际的幻想，才能慢慢成长和沉淀。况且，工作不仅仅是做事，除了要具备专业知识和技术，还要具备各种社交能力。职场新人需要在"蘑菇期"内，逐渐适应职场的行为模式与游戏规则，完成身份和角色上的转变。

对于年轻人而言，从底层做起，从最简单的事务做起，是成长和成功不可或缺的过程。能力需要在实践中积累，只有在真实的工作中，从具体的、看似琐碎的事务中，才能逐渐掌握处理问题的技巧，以及解决问题的能力。刚走出象牙塔，年轻人更需要的是脚踏实地，而不能妄想着一夜之间出人头地，毕竟

CHAPTER 8
保持理性思考，做复杂世界的明白人

万丈高楼也是从平地盖起来的。

作为"蘑菇"，也不要一味地消沉和埋怨。这种方式除了能够使情绪得到一时的宣泄，无法改变任何东西。只有用积极的心态去迎接那些考验和磨炼，在经历的每一件事中汲取养分，并结合自身情况进行职业规划，才能一步步长成有竞争力的人才。

经济学与生活

02 | 不可替代性：
决定你价值的人生筹码

一天，克尔姆城里的补鞋匠把一个顾客杀了，依照法律他当被判处绞刑。可是，当法官宣判他的罪行时，却有市民站出来为补鞋匠求情："尊敬的法官，被您宣判死刑的是城里的补鞋匠！我们只有他这么一个补鞋匠，如果您把他绞死，谁来为我们补鞋呢？"

克尔姆城的其他市民们一听，深觉有理，也异口同声地呼吁不要判处其绞刑。法官赞同地点了点头，说："你们说得对，我们只有一个补鞋匠，处死他对大家都不利。刚好城里有两个盖房顶的，就让他们其中一个替他去死吧！"

当然，这只是一个笑话，现实中无论是谁触犯了法律，都必须为之付出代价。不过，笑话中也蕴含着经济学的原理，那就是稀缺性，也可以称为不可替代性。这个故事恰如其分地说明了专业人士的重要性：补鞋匠有着独一无二的技能，如同某个行业领域内的专家，如果少了他的存在，整个组织都会受到严重的影响。如果你想成为老板最需要的左右手，成为企业中最有价值的员工，也必须做到"精业"，不断钻研业务知识，让自己具有不可替代性。

对一个领域100%的精通，要比对100个领域各精通1%强得多。央视主持人白岩松曾在中国农业大学的讲座上给台下的年轻人提出了一个忠告："不管你将来从事什么职业，不管你从事职业的难易程度和薪酬水平如何，重要的是，你一定要成为这个职位上不可或缺的人。"对此，新东方的徐小平也有同样的看法："不管做什么工作，一个人把工作做到别人无可替代的程度，就是成功。"

现代职场的竞争是残酷的，企业为了保证利益不会容纳烦冗人员，老板们只愿保留那些最优秀、最有价值的人。在工作中，唯有具备独一无二的技能的员工，才能够在众人中脱颖而出，并得到老板的赏识和器重。要做到这一点，有过人的才华很重要，但更重要的是有一颗不断进取的心。也许，今天的你已经无可替代，可是明天呢？工作没有一劳永逸的事，只有不断进取，不断更新，才能进入可持续发展的轨道，使自己永远不被淘汰！

经济学与生活

03 时间管理：
如何过一天，就是如何过一生

　　效率是经济活动中的一个评价标准，也是经济学中最有吸引力的概念之一。资源的稀缺性，要求社会经济活动以最少的资源消耗取得最大的经济效果。对我们而言，时间是稀缺的资源，更是不可再生的资源，在有限的时间内，谁能够创造更多的价值，谁便可以获取更多的成就与财富，同时拥有更高质量的生活。

　　不少人每天起早贪黑，一天有12小时待在办公室里，看起来比任何人都忙，可效率却一点都不高，临近回家还觉得有一堆事情没处理完，感叹着时间都去哪儿了。这种所谓的"忙碌"的状态，看似是没闲着，其实没多少效率，做的事情并不多。

　　为什么会出现这样的情况呢？拿破仑·希尔的这番话，足以回答此问题："利用好时间是非常重要的，一天的时间如果不好好规划一下，就会白白浪费掉，就会消失得无影无踪，我们就会一无所成。事实证明，成功和失败的界限在于怎样分配时间，怎样安排时间。"

　　时间是世上最公平的东西，它赋予每个人的分秒都是一样的，关键在于谁会利用。一个员工会不会利用时间，不是看他在工作时间内是否忙碌不停，做着形式上的努力，而是有没有能力让每一分、每一秒都产生最大的效益，在同样的时间内高质高量地完成任务。有时，我们也会看到有些人总是在上班时间就"轻松"地搞定了工作，事情办得都很漂亮，很少加班，业绩却很出色。说

到底，他们就是懂得时间管理的方法和技巧。

身为贸易公司主管的赵先生，在体检中查出了心脏病，为了调养身体，他每天只能工作三四个小时。赵先生原来是一个工作狂，但身体的原因让他不得不改变过去的习惯，把每天的工作时间压缩到四个小时。一段时间后，他惊奇地发现，这三四个小时所做的事情，在质量和效率方面，跟以前花费八九个小时做的事差不多，这让他很是震惊。分析了很久，赵先生终于意识到：工作时间被迫缩短，他只好高度集中精力，去攻克关键的任务。这些任务的完成，保证了他的工作效率和效能。

工作的效率，源自良好的工作方法，而非延长工作时间。所有的时间管理专家都不赞成为了完成工作任务而加班，那样会把工作的战线拉得越来越长。真正优质的工作方法，应当是提高时间利用率，这样不仅能保证工作高效地完成，还能从中享受到工作的乐趣，而不至于牺牲休息的时间。

时间管理大师哈林·史密斯曾经提出过一个"神奇三小时"的概念，即早上5~8点的黄金时间是人一天中效率最高的3小时。如果晚上10点钟休息，早上5点钟起床，睡眠时间就是7小时；如果晚上12点钟睡觉，早上7点钟起床，睡眠时间也是7小时。所以我们在这里提倡"早睡早起"，运用"神奇三小时"法则，战略性地调整一下休息和工作时间，在头脑清醒的时候做一些重要的事情。

　　金钱可以储蓄，经验可以积累，唯独时间不可以保留。要成为高效能人士，必须培养时间管理意识，唯有善于掌控时间，才能从"忙碌"中抽身，摆脱疲于奔命的状态。这个时代，谁善于掌控时间，谁就能拥有不一样的自由。

04 | 时间价值：自己做饭真的比外卖省钱吗？

提起"自己做饭"和"叫外卖"，不同的人有不同的看法：有人觉得，自己做饭经济实惠，吃得又健康；有人觉得，叫外卖节省时间和精力，省下来的时间可以去处理更重要的事。这么一对比，我们发现，两者说的都有道理，各自有各自的立场。

其实，这里涉及了经济学中的"时间价值"的问题。**毫无疑问，时间对每个人都是有价值的，但它对每个人的价值也是不一样的。**英国沃维克大学的扬·沃克教授推导出一个有关时间价值的公式，即：$V=[W(100-T)/100]/C$。公式中的字母，代表含义如下：

V：每小时的价值。

W：每小时的工资。

T：税率。

C：当地的生活开销。

利用这个公式，沃克教授计算出英国男人平均的时间价值是每分钟10便士，而英国女人的时间价值是每分钟8便士。这也是说，一个英国男人一小时的工作收入是9美元，一个英国女人一小时的工作收入是7.2美元。

研究还发现，英国人自己准备晚餐的成本，包括时间价值和其他原料的成本，男人自己动手做晚餐的成本是15.72美元，女人自己动手做晚餐的成本是14.3美元；而通过外卖的方式获得晚餐的成本，男人是7.31美元，女人是7.24

经济学与生活

美元。

　　借助这个公式，人们就可以计算自己从事每一项活动的价值，以及机会成本。了解了自己每小时的价值，就可以决定到底是自己做饭还是叫外卖。比如说，你是一个公司的部门经理，年工资是2.5W美元，每小时的价值是6.44美元。这样计算的话，你自己动手做一顿饭要花掉10美元的时间成本，加上原材料的准备和饭后洗碗收拾等时间，做一顿饭俨然要比叫外卖贵得多，所以自己做饭是不划算的。

　　通常来说，工作技术含量较低，每小时的价值就较低，选择自己做饭就比较合适。这也从侧面反映了一个现实，随着时间价值的上升，人们更愿意通过购买的方式来满足自己的部分需求，以此来节省宝贵的时间。在这个快速变化的时代，时间就是金钱，不仅经济学要研究如何节省时间，企业家和上班族们也要琢磨如何节省自己的时间，来提高办事效率，换取更多自由。正因此，才诞生了"钟点工""保姆""美团跑腿"之类的服务。

　　下一次，当你思考是自己做饭还是叫外卖，是打车还是坐地铁之前，可以先计算一下自己要付出的时间成本是多少，这样有助于帮你做出更经济的决策。

05 | 注意力经济学：
你消费过领导的注意力吗？

两个年轻的女孩同时入职，年龄相当，学历不相上下，最初担任的都是文员工作。三年后，女孩A从文员转到市场部做业务，做出了漂亮的业绩，一路晋升为销售组长。女孩B依旧在文员的岗位上，虽然也做得兢兢业业，可始终就像是角落里可有可无的人，很少有人注意她。就连后来的新人，也因为处事干练，每天在办公室里给大家带来新奇的消息，人缘极好，深得领导赏识，被调到了总经办去做助理。女孩B想不明白，自己没有偷懒，也很敬业，为什么不能得到重用，也无法吸引众人的注意呢？

职场中能平步青云的人，往往都是人群中的亮点。毫不夸张地说，他们在没有成功之前，就已经为自己创造了机会，通过自己的表现，引起周围人的注意。至于加薪升职，也只是这一过程的结果而已，因为他们在有意或无意间运用了"注意力经济学"。

所谓注意力经济学，是诺贝尔经济学奖获得者赫伯特·西蒙最先提出的，他认为：当公众接收信息时存在着消费，消费的正是他们的注意力。我们生活在一个由注意力经济构筑的信息环境中，注意力具有广泛的使用价值，这也使它成为重要的资源和消费品。在对当今经济发展趋势进行预测时，赫伯特·西蒙还指出："随着信息的发展，有价值的将不是信息，而是注意力。"

置身于互联网时代，我们对于注意力经济的体验，可能更加深刻：从图文广告到短视频，从衣装打扮到吃播，无疑都在以吸引眼球和注意力的方式赚取

经济学与生活

流量。就像托马斯·达文波特在《注意力经济》中说的那样："在新经济下，注意力本身就是财产……现在金钱开始与注意力一起流动。"注意力形成经济，争夺眼球形成竞争，已成为不争的事实。

商场如是，职场亦如是。企业管理者在提拔员工时，也会优先考虑那些给自己留下良好印象的人，如果一个职员能及早地控制领导的"注意力消费"，有效地推销自己，脱颖而出的概率就变得很大。相反，从来不曾消费过领导注意力的员工，被重用的概率就变得小很多。比如，有些员工本身工作能力很强，但处事态度消极，从来不肯主动接受挑战、展示自己的潜力，这样自然就没办法赢得领导的注意力，也很难在事业上有大的进展；有些人任劳任怨，成了职场中的"滥好人"，帮了别人不少忙，自己的事却经常受影响，这样也很难赢得领导的赏识；还有些人工作不努力，抱怨却比谁都多，很难让领导对其委以重任。

尽管上述这些员工在表现上有所不同，但他们在注意力经济上有着共同之处，那就是并未向他人传递充分的信息，引起他人的注意；或是向他人传递了不良信息，导致自己的利益受损。所以说，想在职场上赢得同事和领导的关注与赏识，就要了解如何在工作中运用注意力，在抓住他人视线的同时传达正向信息，比如：多参加集体活动，学会提出有新意的见解，在公司需要时挺身而出，竭尽全力把事情做好……这些都是展示自己的机会。

> 经济学与生活

06 蝴蝶效应：
面对再小的隐患，也别心存侥幸

1963年，气象学家洛伦茨正式提出"蝴蝶效应"，即在一个动力系统中，一个初始条件下微小的变化，就能带动整个系统长期的、巨大的连锁反应。假设在南美洲亚马孙河流域热带雨林中有一只蝴蝶轻轻地扇动翅膀，就会引起周围空气系统发生变化，并引起气流，尽管力量很微弱，却会引起一连串的连锁反应，最终导致其他系统的极大变化。这一效应充分说明，初始条件下十分微小的变化，经过不断地放大，会使系统未来状态产生巨大差别。

蝴蝶效应在经济生活中随处可见，1997年亚洲发生的金融危机与美国曾经发生的股市风暴以及太平洋出现的"厄尔尼诺"现象，都是蝴蝶效应的体现。尽管发生的领域不同，可灾难性却是相同的。

1982年9月到10月期间，美国强生公司生产的泰诺胶囊因为含有氰化污染物，导致7人死亡。这件事发生后，各大媒体争相报道，强生公司积极采取措施，收回并销毁3000万瓶泰诺胶囊，并检验了大约800万粒胶囊，结果却仅发现了70粒含有氰化污染物的胶囊。至此，强生公司已经付出了超过1亿美元的成本，事后又花费大约3亿美元来推销重新包装的胶囊，可谓是付出了巨大的代价。

2003年2月1日，美国"哥伦比亚"号航天飞机在返回地面时解体，飞机上的7名宇航员全部遇难，全世界都陷入了震惊之中。这场灾难性的事件不仅让美国的航天事业遭到重创，也让人类探索宇宙的步伐减缓了。

这一惨剧究竟是如何发生的呢？事后，调查结果显示：造成这一灾难的凶手，竟然是一块脱落的泡沫！原本，"哥伦比亚"号表面覆盖着2万余块隔热瓦，能够抵御3000摄氏度的高温，这是科学家们为了避免航天飞机返回大气层时外壳被高温所熔化专门设计的。1月16日，"哥伦比亚"号升空82秒后，一块从燃料箱上脱落的碎片击中了飞机左翼前部的隔热系统，而宇航局的高速照相机精准地记录了全过程。

按照常理来说，美国航天飞机的整体性能和很多技术标准都是堪称一流的，可谁能想到，就这么一小块脱落的泡沫竟然轻易地就把价值连城的航天飞机摧毁了，还带走了无法用价值衡量的七条宝贵的生命！这说明什么？出现疏漏的细节，会变身成"魔鬼"！

事故调查小组称，其实"哥伦比亚"号在飞行期间，工程师已经知道飞机左翼在起飞过程中曾经受到泡沫材料的撞击，可能会产生严重的后果，且当时有补救的办法，可这些安全细节并没有引起有关人员的重视，他们觉得"没关系""不要紧"，心存侥幸。然后，"哥伦比亚"号就带着问题上天了，最终机毁人亡，成为美国航天史上永远抹不去的阴影。

这也提醒我们，一点点不起眼的细微错误，可能会引发大的灾难。对于错误和隐患，无论它有多小，都不能听之任之，心存侥幸。很多时候，往往是那1%的错误导致了100%的失败。你忽视细节，细节就会变成魔鬼，唯有养成想事想周全、做事做细致的习惯，才能让事情朝着好的方向发展，减少麻烦。

经济学与生活

07 正和博弈：
博弈的最高境界是合作共赢

关于龟兔赛跑的故事版本有很多，我们来看一则和经济学相关的：一只乌龟和一只兔子争辩谁跑得快，吵得面红耳赤也没有定论，最后决定通过一场比赛来分出高下。

比赛开始了，兔子遥遥领先乌龟，快到终点时，它想先在树下睡一觉吧，待会再接着跑。没想到，兔子睡得太沉了，乌龟竟然超过了它，先到了终点。兔子醒来，才发现自己输了。输了比赛的兔子很失落，它知道自己是"大意失荆州"，于是它邀请乌龟再和它进行一次比赛，而乌龟也同意了。

第二次的比赛，兔子全力以赴，一口气跑完，领先乌龟好几公里到达终点。这回，轮到乌龟检讨了，它明白用这样的比赛方式，自己永远也跑不赢兔子。思索了一会后，乌龟也效仿兔子的做法，邀请兔子再和它进行一场比赛，只是路线稍有不同，兔子也欣然同意了。

这一回合的较量，两者同时出发，且承诺要从头一直跑到尾。兔子用力地跑，眼看着就快到终点了，却被一条河拦住了。兔子呆坐在那里，不知道怎么办。这时，乌龟一路蹒跚而来，冲入河里游到对岸，继续爬行，完成了比赛。

这次比赛之后，兔子和乌龟都开始检讨，它们都觉得如果再来一次比赛，自己可以比上一次表现得更好。于是，它们再次出发，先是兔子扛着乌龟到河边，再由乌龟驮着兔子过河。到了河对岸，兔子再次扛着乌龟，两者一起抵达终点，省时省力又都获得了成就感。

从龟兔赛跑到龟兔合作，它们都获得了更多的益处，这就是正和博弈的结果。所谓正和博弈，也称合作博弈，指博弈双方或多方利益均沾，或是至少一方利益增加，而其他各方利益不受损害。正和博弈强调的是集体主义和团体理性，通过合作实现双赢，这也是现代社会博弈学的主流。

法国有句谚语："聪明人与朋友同行，步调总是齐一的。"一个人做事情能影响的范围十分有限，一个人能调动的资源也屈指可数。拼命做事的"独行侠"，无论卖多少力气，费多少心思，都是很难做出大成绩的。想要有更好的发展，走得更远，必须学会与别人合作。这样的话，可以取长补短，相互协助，让彼此的价值最大化。

经济学与生活

08 劳动供给理论：
任何意外之财都会使人变懒

美国经济学家研究过遗产对继承人的影响，结果显示：一个继承遗产超过15万美元的人不再工作的可能性，是继承遗产小于2.5万美元的人的4倍！

事实上，不只是继承遗产，任何意外之财都会使人变懒。美国经济学家在研究彩票中奖对人的影响时发现：中奖奖金超过5万美元者，有25%的人在一年内辞职，另外有9%的人减少了工作时间；中奖奖金超过100万美元者，几乎有40%的人不再工作。

毫无疑问，上述的数据都证明了一点：意外之财会使人变懒。

那么，为什么会出现这样的情况呢？经济学家借助劳动供给理论给出了解释：每个人的时间都是有限的，一天24小时不多也不少，人们通常把时间这一资源用于劳动和闲暇两个方面。劳动就是有报酬的活动，如上班或商业活动；闲暇就是没有报酬的活动，包括娱乐、休息、家务劳动等。通常，人们会根据劳动的价格来分配用于劳动和闲暇的时间，也就是实际工资水平。实际工资水平的变动，又会引起替代效应或收入效应。

所谓替代效应，就是增加工资，用工作替代闲暇。当工资增加时，闲暇的代价就变得高了，比如每小时工资是50元，闲暇一小时就少了50元的收入。这个时候，人们往往就会选择增加工作，减少闲暇。所以，替代效应会引起劳动供给随着工资的上升而增加。

所谓收入效应，就是收入增加，人们想拥有更多的时间用于休息和娱乐，

CHAPTER 8　保持理性思考，做复杂世界的明白人

继而减少工作。当得到一笔遗产或意外之财时，就相当于收入增加了。此时，收入效应远远大于替代效应，人们就会减少工作，甚至放弃工作，享受闲暇。

　　随着经济的发展和生活水平的提高，人们不再单纯地追求财富，而是开始兼顾生活，渴望拥有充足的闲暇时间和高质量的生活。这也从另一个角度反映出，人们在劳动与闲暇之间进行选择时，更倾向于后者。对普通人来说，就算没有继承遗产或收获意外之财，也会通过不断地努力和各种抉择，在劳动与闲暇之间找到一个平衡点，来实现自己的最大满足。

经济学与生活

09 | 利益权衡：
为什么越来越多的女性选择单身？

当今时代，越来越多的女性选择单身，对于这一现象，人们津津乐道。导致这种现象的原因有很多，那么从经济学的视角来看，这又能带给我们哪些启示呢？

在经济学家看来，爱情和婚姻与人类的其他行为一样，寻求的都是实实在在的利益。所以，都要进行符合经济学效用最大化的理性分析，再做出理性的选择。

从这个角度来说，单身也是一种经济理性的选择。

任何一种选择都是有代价的，进入婚姻就意味着要放弃一部分个人自由，还要投入大量的时间和资金，婚后培养和维系感情还需要投入一些流动资本。通常来说，单身女性步入婚姻的"机会成本"更大，这就使得她们宁愿选择单身。

旧时代的女子很少会选择单身，因为她们没有经济地位，无法独立生存，需要通过嫁人来维持生活。现代社会的情况就不一样了，一个优秀的、经济独立的单身女性，有相对稳定或丰厚的收入，有远大的前程，如果步入婚姻要牺牲太多个人利益，她会舍不得。从自身条件上来说，她们不是找不到伴侣，而是因为婚姻的机会成本太高，不如单身带给自己的预期回报更多，所以单身就成了自然而理性的选择。可以预测，社会提供给女性的工作和发展机会越多，单身女性的群体就会越大。

CHAPTER 8
保持理性思考，做复杂世界的明白人

从另一个角度来说，选择事业的单身女性有更高的"沉没成本"。比如，一个女孩子20岁时爱上一个人，可以选择跟他去天涯海角，那时候的她没有太多的沉没成本。可是，在职场打拼了十几年，已成了公司的中层，在大城市里有了立足之地，此时她的沉没成本已经很高了。此时，让她为了爱情放弃现有的一切，到中小城市里生活，那是很难的。除非，她能够在婚姻市场中获得更高的回报，收回或超过她在事业上的投资，否则的话，是不太可能的。所以，单身女性的事业发展得越好，越希望有好的感情来获得补偿，可是在期望值很高的情况下，婚姻的选择就变得更加不易。

不过，事物永远处于变化之中。婚姻属于耐用消费品，且可以逐渐增值。年轻时，女人容易获得婚姻，只是机会成本大；随着年龄增长，婚姻的机会成本变小，而婚姻的效用会逐渐凸显，如情感的寄托、心灵的归属、对孩子的喜爱。此时，事业带来的效用会出现边际递减。所以，这个阶段可能会出现转折，单身女性降低自己对婚姻的期望，放弃对爱情不切实际的幻想，走进现实的婚姻生活。

总之，无论怎样选择，都涉及利益权衡的问题，只是这里的利益涵盖了感情而已。单身是一种出于理性经济思考的选择，单身多年后选择进入婚姻，也是经过了一系列理性分析和思考的。婚姻选择这件事中牵涉的"经济"，我们或许可以这样来诠释：精心地规划自己的人生，做出符合自己心意的选择，就是经济。

10 帕累托最优：
"门当户对"有没有道理？

提到婚姻，就会有人给出"门当户对"的建议。可能在很多现代人看来，这只是一条古训，甚至是一种偏见。其实，从经济学角度来看，它是有一定道理的。

从整体上看婚姻，资源的最佳配置方式，应当是让社会中的每个适龄男女都能够达到帕累托最优。什么是帕累托最优呢？它是指资源分配的一种理想状态，假定固有的一群人和可分配的资源，从一种分配状态到另一种状态的变革中，在没有使任何人境况变糟的前提下，使至少一个人变得更好，这就是帕累托最优。帕累托最优状态，就是不可能再有更多的帕累托改进的余地。

假设A和B是一对恋人，两人正在热恋中，彼此都很满足，达到了帕累托最优的状态。此时，如果有第三者C闯入这段关系，且A觉得和C在一起更满足，那么A就可能向B提出分手。面对分手这件事，B当然是痛苦的。所以，对于热恋中的双方来说，任何一方的突然变故，都可能给另一方带来伤害。由此可以认定，热恋中的双方达到了帕累托最优。

如果情况有变，同时出现了C和D，A和C在一起觉得更幸福，B和D在一起也更快乐，那么A和B在分手时就会获得更大的效益，彼此都觉得这个选择是对的。那么，我们也可以认为，这种分手的行为是帕累托改进。

婚姻的情况与之相似，两个人是否决定结婚，也可以用帕累托最优来分析。倘若双方在婚前的收益是X和Y，结婚带来的收益是Z，那么婚后双方的收益就是（X＋Y＋Z）/2。如果这个数值大于婚前的个人收益，那么两个人就会决定结婚。

如果两人的身份、家庭、地位、经济实力悬殊，例如X＝8，Y＝2，那么两个人是否结婚就要看婚后双方的收益大小了。假设Z＝6，婚后的收益是8，那么对Y而言结婚是合适的，而X是无所谓的；如果Z＜6，那么X多半就会选择不结婚；如果Z＞6，双方在婚后都会获益，因而会选择结婚。如果两人各方面的条件相当，那么只要Z＞0，婚后的收益都会比婚前的收益大，两个人就会选择结婚。

通过这样的分析，我们不难看出，门当户对的人更容易从婚姻中获得满足。所以，这不是老一辈的陈旧观念，而是有一定的经济学道理，所以这样的忠告和建议也是符合逻辑的。